Corps, amour, sexualité :
Les 120 questions que vos enfants vont vous poser

Charline Vermont

■ Albin Michel

À Alexandre,
Et nos amours L, N et I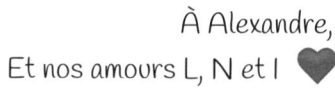

Retrouvez Charline sur son compte Instagram @orgasme_et_moi

Ouvrage publié sous la direction d'Aurélie Starckmann
Responsables éditoriales : Sophie Nanteuil et Stéphanie Taro
Mise en pages : Ipokamp
Relecture et corrections : Laëtitia Badinand, Audrey Peuportier
Illustrations : Juliette Mercier alias @stomiebusy
Merci à Marie Euverte et Salomé Marie pour leur aide

Suivez-nous sur Instagram :
@albinmichel_et_moi
Santé, bien-être, vie quotidienne, cuisine, parentalité, psychologie, développement personnel, nature, loisirs et plus encore…

Éditions Albin Michel
22, rue Huyghens, 75014 Paris
www.albin-michel.fr
ISBN : 978-2-226-47845-0
N° d'édition : 24615/16
Dépôt légal : octobre 2022
Imprimé en octobre 2025 par GPS Group, Bosnie-Herzégovine.

Tous droits réservés
© Éditions Albin Michel, 2022.

NOUVELLE ÉDITION AUGMENTÉE

CORPS, AMOUR, SEXUALITÉ

LES 120 QUESTIONS QUE VOS ENFANTS VONT VOUS POSER

Charline Vermont

Avec la collaboration de Sophie Nanteuil

Albin Michel

Sommaire

Préface	p. 5
Avant de se lancer...	p. 7
Boîte à outils	p. 10
Chapitre 1. Le corps	p. 19
Chapitre 2. L'intimité	p. 39
Chapitre 3. La puberté	p. 53
Chapitre 4. L'estime de soi	p. 87
Chapitre 5. Les premiers émois	p. 115
Chapitre 6. Le consentement	p. 133
Chapitre 7. Amour, sexe et plaisir	p. 149
Chapitre 8. Les bébés	p. 179
Liste des questions	p. 201

Préface

Mai 2019

Je revois ce jour comme si c'était hier. Encore un jour de week-end à travailler d'arrache-pied sur mon tout jeune compte Instagram.

Mon fils de 5 ans entre dans le bureau pour m'inviter à jouer avec lui. J'ai hâte de le rejoindre, aussi je lui réponds : « J'arrive dès que j'ai fini mon travail. » Il me regarde un moment, puis demande :

« Maman, c'est quoi ton métier ? »

Je lui explique alors que je crée du contenu d'éducation à la sexualité, bienveillant et inclusif, afin de permettre à des milliers de personnes de s'épanouir dans leur vie affective, intime et sexuelle.

« Maman, est-ce que " sexuelle " c'est pareil que " sexe " ? Et ça veut dire quoi " sexe " ? »

(grand moment de solitude parentale)

J'essaie alors de mettre des mots sur un sujet qui reste – encore aujourd'hui – très tabou dans de nombreuses familles. Puis mes filles aînées se joignent à la conversation et je me suis retrouvée, entourée de mes enfants, à créer un espace de parole sain autour de la sexualité.

J'écoute leurs questions, leur demandant au passage ce qu'il et elles savent déjà. Je réponds à certaines de leurs interrogations, botte en touche pour d'autres : « Est-ce que vous êtes d'accord pour que je fasse des recherches pour mieux vous répondre ? » Il et elles sont d'accord, ravi.e.s, enthousiastes !

De ce jour-là, mes enfants ont compris que la sexualité était un sujet comme un autre. En l'abordant d'un point de vue anatomique et scientifique, d'une part, et en partant de leurs expériences personnelles, d'autre part, nous avions ouvert un espace de discussion – qui ne s'est jamais refermé ! Un espace dans lequel mes enfants se sentent libres de s'exprimer et de poser leurs questions.

De mon côté, je suis partie en quête d'ouvrages de référence, non seulement pour répondre aux questions de mes enfants, mais aussi pour matérialiser cet espace de parole que nous avions créé. Je n'ai trouvé que des livres dédiés soit aux parents, soit aux enfants, mais aucun ouvrage qui fédère toute la famille.

Puisque ce livre n'existait pas, il fallait le créer !

Ensuite, dans l'esprit participatif qui anime mon compte Instagram, j'ai proposé aux parents abonné.e.s au compte de partager avec moi les questions posées par leurs enfants sur le corps, l'amour et la sexualité. Autant dire que j'ai reçu des milliers de questions !

C'est de cette démarche – d'abord personnelle, puis collective – que sont nées *Les 100 questions* !

Aujourd'hui, je suis doublement fière et heureuse de vous présenter ce livre.

D'abord car je brûle d'envie de m'asseoir avec mes enfants pour le parcourir

Et aussi car j'espère que vous aurez autant de joie à le lire avec vos enfants que moi à l'écrire !

Septembre 2022

Je n'ai pas les mots pour vous remercier de l'accueil que vous avez réservé aux 100 questions.

Déjà 50 000 livres entre vos mains : ce sont autant de familles au sein desquelles la transmission a lieu.

Pour cette nouvelle édition, je vous propose non pas 100 mais 120 questions !

De quoi accompagner les enfants de 5 à 14 ans, toujours avec un classement par tranche d'âges.

Je suis si fière du travail que nous accomplissons tous.tes ensemble : construire une génération d'enfants épanoui.e.s et respectueux.ses 😊

À très bientôt,

Charline

Avant de se lancer...

Les questions les plus difficiles posées par les enfants à leurs parents ne concernent pas les lois de la gravité ou l'histoire médiévale ... Mais plutôt :

> COMMENT ON FAIT LES BÉBÉS ?

> À QUOI ÇA SERT, UN PÉNIS ?

> ÇA VEUT DIRE QUOI « FAIRE L'AMOUR » ?

> POURQUOI EST-CE QUE TU AS DES POILS SOUS LES BRAS, ET PAS MOI ?

Cette curiosité est typique de l'enfance, et offre une chance extraordinaire aux parents de se connecter à leur enfant, et de manière générale aux adultes concerné.e.s (famille, ami.e.s de la famille, éducateur.trice.s, enseignant.e.s, professionnel.le.s de santé, parrains, marraines...) de devenir les adultes de confiance vers qui l'enfant peut se tourner en cas de question sur le sujet.

Pour autant, force est de reconnaître que la sexualité est l'un des sujets les plus compliqués à aborder par les parents, car nombre d'adultes d'aujourd'hui :

→ ont grandi sans avoir connu de conversations ouvertes et positives sur le sujet avec leurs propres parents ;

→ n'ont reçu aucune éducation complète à la sexualité digne de ce nom en grandissant ;

→ ont vécu des expériences traumatiques, qui peuvent ressurgir dès qu'un sujet lié au corps ou à la sexualité est évoqué ;

→ vivent dans un environnement dans lequel le sexe est encore tabou, honteux, stigmatisé (on parle aussi d'environnement « sex negative »).

Le constat est encore plus flagrant quand on s'intéresse aux évolutions récentes du monde éducatif !

Ces dernières décennies, les progrès réalisés en neurosciences ont permis l'avènement d'une éducation dite « bienveillante » ou « positive », basée sur l'écoute des besoins psycho-émotionnels de l'enfant, et la communication non violente.

Alors que ces nouveaux modèles éducatifs permettent des échanges plus respectueux, fluides et empathiques entre parents et enfants, entre enseignant.e.s et élèves, entre éducateur.trice.s et leurs protégé.e.s, il subsiste un dernier bastion dans lequel ces échanges ne s'aventurent pas : l'éducation à la vie affective et intime.

Qu'est-ce que l'éducation sexuelle positive ?

C'est une éducation dans laquelle la sexualité est accueillie avec bienveillance et sans jugement, comme une expérience profondément humaine. L'exploration de soi, l'écoute de son corps, de ses besoins et envies sont autant valorisées que l'apprentissage du respect et du consentement.

Éveiller l'enfant à l'existence de différentes identités de genre et orientations sexuelles permet également de l'accompagner dans sa maturation personnelle, afin qu'iel puisse s'autodéterminer en conscience tout au long de sa vie.

Offrir une éducation sexuelle positive aux enfants, c'est avant tout leur offrir une écoute bienveillante, répondre à leurs questions, aborder ce sujet sans tabou, les rassurer dans leurs expériences, leur exploration, leur curiosité. En agissant ainsi, **vous protégez vos enfants** !

En effet, lorsque des enfants craignent de se faire critiquer ou punir pour avoir posé des questions sur des sujets, iels se réfugient dans le silence, dans l'expérimentation à risque, ou iels se tournent vers d'autres sources d'informations – généralement moins fiables : leurs camarades... ou Internet !

De nombreuses études* ont mesuré les impacts d'une éducation complète à la sexualité menée par les parents sur leurs enfants. Les résultats sont sans équivoque : plus les parents parlent de sexualité avec leurs enfants, meilleure est la santé sexuelle de ces dernier.ère.s à l'adolescence et au début de l'âge adulte. On constate moins d'IST/MST**, moins de grossesses précoces non désirées et moins d'agressions sexuelles – initiées ou subies.

Contrairement à ce que certain.e.s peuvent croire ou penser, l'objectif de l'éducation sexuelle positive auprès des enfants n'est pas de leur faire des tutos sexo. **Il s'agit d'une réelle chance de construire ensemble une base solide pour leur santé sexuelle d'aujourd'hui et de demain.**

---

* Voir ressources page 208 ; ** IST/MST : Infection sexuellement transmissible / Maladie sexuellement transmissible

Et si notre génération de parents relevait le défi ?

Comment donner une éducation sexuelle positive à nos enfants alors que nous portons le double poids d'un héritage ET d'un environnement « sex negative » ?

C'est un immense défi, alors n'oubliez pas que :

- C'est OK d'avoir besoin de temps et d'entraînement pour vous sentir suffisamment en confiance pour répondre aux questions de votre enfant ;
- C'est OK de grandir en même temps que votre enfant dans cet apprentissage ;
- C'est OK de vous sentir hésitant.e à en parler avec votre enfant et de vous demander si c'est vraiment « approprié à son âge ».

Je suis passée par ces mêmes hésitations, ces mêmes peurs. Et c'est en travaillant avec des professionnel.le.s de la santé et de l'éducation que j'ai avancé – au début avec appréhension, puis avec de plus en plus d'assurance.

Ce livre a été spécifiquement conçu pour vous accompagner, ainsi que votre enfant, pas après pas. Il a été relu et validé par un collège d'expert.e.s composé de professionnel.le.s de la santé et de l'éducation :

Dr Emma Barron - Pédopsychiatre

Dr Baptiste Beaulieu - Médecin généraliste

Pierre Dubol - Psychologue clinicien, spécialisé en TCC et sexualité

Francine Euli - Professeure des écoles

@jujulagygy - Gynécologue obstétricienne

Morgan Lucas - Thérapeute, spécialiste du genre

L'objectif de ce livre est de :

→ vous offrir une base d'échanges, un support à votre disposition pour avoir des discussions saines avec votre enfant autour de la sexualité ;

→ vous aider à devenir l'adulte de confiance vers qui votre enfant se tournera lorsqu'iel aura des questions et besoin d'informations sur le sujet ;

→ vous permettre d'accompagner votre enfant, aujourd'hui comme demain, en lui donnant les informations et la confiance nécessaires pour qu'iel fasse des choix en conscience, concernant sa personne comme dans ses interactions avec autrui ;

→ construire pas à pas une nouvelle donne, un cadre positif dans lequel la santé sexuelle de nos enfants est plus importante que les peurs et hontes que nous avons intériorisées !

Boît

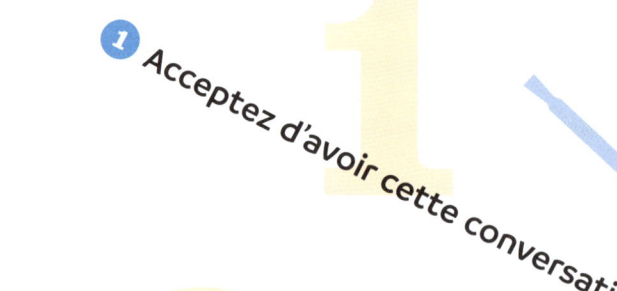

1 Acceptez d'avoir cette conversation !

2 Valorisez la question et retournez-la à votre enfant.

3 N'hésitez pas à dire à votre enfant que vous ne savez pas.

4 Préservez votre intimité, et celle de votre enfant.

outils

ABSENCE DE JUGEMENT

5 Après chaque réponse, demandez à votre enfant si sa curiosité est satisfaite !

RESPECT

6 Entraînez-vous !

COMMUNICATION

7 Prenez votre envol !

Tous ces principes sont bien jolis, mais dans la vraie vie, on fait comment ?

Je vous donne quelques explications ?
Tournez la page ! →

Boîte à outils, mode d'emploi

Pour vous aider à débuter une discussion saine et sereine avec votre enfant autour du corps, de l'amour et de la sexualité, voici quelques outils que vous pourrez ranger dans une belle mallette toute neuve. Ils vous seront précieux !

1 Acceptez d'avoir cette conversation !

Gardez en tête que si votre enfant vous pose une question, iel mérite une réponse 😊

Donner une éducation sexuelle positive, cela commence par ne pas fuir les questions de votre enfant sur le corps, l'anatomie, la reproduction ou le sexe – aussi gênantes soient-elles pour vous !

Tout silence ou évitement de votre part peut nuire à la confiance que votre enfant place en vous : cela lui envoie le message que vous n'êtes pas une personne vers qui iel peut se tourner en cas de question (aujourd'hui ou plus tard).

En répondant présent.e lorsque votre enfant vous demande d'avoir cette conversation, vous lui envoyez un message positif : vous lui signifiez que vous êtes une personne fiable pour des conversations ouvertes, honnêtes, sans jugement et inclusives pour l'accompagner tout au long de son chemin.

2 Valorisez la question et retournez-la à votre enfant.

Il existe un **triple réflexe** à adopter lorsque l'enfant vous pose une question en lien avec son corps, l'amour ou la sexualité : **1. valoriser la question**, **2. exprimer votre joie** d'être la personne de confiance à qui la question est posée, puis **3. lui retourner la question**.

EXEMPLE :
Si l'enfant vous demande « C'est quoi le sexe ? », vous pouvez parfaitement répondre :

1. C'est une très bonne question ! **2.** Je suis heureux.se que tu me la poses !
3. As-tu déjà entendu parler de sexe ? Qu'est-ce que ça signifie pour toi ?

Vous pouvez agir de même pour toutes les questions que votre enfant vous posera. Par exemple, « Comment on fait les bébés ? » : **1.** C'est une belle question ! **2.** Chouette qu'on en parle ensemble ! **3.** À ton avis, comment on fait ?…

→ **1.** En valorisant la question de l'enfant, vous encouragez sa curiosité.

→ **2.** En exprimant votre joie, vous lui envoyez un message clair : vous êtes la bonne personne à qui poser ces questions.

→ **3.** En retournant la question à l'enfant, vous obtiendrez des informations sur ce que votre enfant sait déjà ou a déjà expérimenté du sujet. Cela vous permettra ainsi de :

- corriger le tir si l'enfant a eu vent d'informations incorrectes ou incomplètes,
- jauger sa maturité sur le sujet, et le niveau de détails attendu dans votre réponse.

Certaines questions posées par les enfants sont extrêmement drôles pour les adultes (« Pour faire entrer la petite graine, tu l'avales ? »). Attention toutefois à vos réactions : valoriser la question signifie parfois se retenir de rire. Pour l'enfant, cette question était peut-être très sérieuse et pleine d'enjeux.

De même, lorsque vous retournez la question à votre enfant (« Qu'en sais-tu ? Qu'en penses-tu ? »), sa réponse peut être farfelue, à côté de la plaque, drôle… Là également, attention à vos réactions : un fou rire peut être vécu par votre enfant comme une moquerie et le/la bloquer dans ses prochaines questions.

❸ N'hésitez pas à dire à votre enfant que vous ne savez pas.

Répondre à votre enfant ne signifie pas nécessairement avoir une réponse immédiate à sa question !

Si votre enfant vous pose des questions qui ne sont pas dans le livre, ou pour lesquelles vous n'avez pas de réponse, donnez-vous le droit de répondre :

« J'ai envie de te donner une réponse complète et précise, mais pour l'instant je n'ai pas assez d'informations à ce sujet. Es-tu d'accord pour que j'effectue des recherches et que je réponde à ta question quand j'aurai plus d'informations ? »

Vous pouvez également dire à votre enfant que c'est un sujet nouveau pour vous et que vous n'êtes pas très à l'aise. Proposez-lui de revenir vers elle/lui lorsque vous aurez étoffé vos connaissances et que vous serez plus en confiance, pour lui délivrer une réponse complète et précise.

❹ Préservez votre intimité et celle de votre enfant.

La sexualité est un sujet qui touche à l'intime. Donner une éducation sexuelle positive à son enfant **ne signifie pas** dévoiler son intimité (parentale/conjugale) à l'enfant, pas plus qu'on ne doit s'immiscer dans la sienne.

Nous avons conçu ce livre pour vous accompagner sur ce chemin étroit qui louvoie entre les deux intimités à protéger : la vôtre et celle de l'enfant.

C'est pourquoi vous trouverez, en début de chaque chapitre, des **PAGES PARENTS** , pour vous rassurer sur les mots à utiliser et vous guider pas à pas.

❺ Après chaque réponse, demandez à votre enfant si sa curiosité est satisfaite !

Qu'il s'agisse de questions proposées dans ce livre ou d'autres questions posées par votre enfant, il existe un excellent moyen de vous rassurer si vous avez peur de trop en dire sur le sujet. Pour cela, il suffit de répondre à la question posée de manière progressive :

- une première réponse courte, avec un minimum d'informations ;
- une pause pour demander à l'enfant si votre réponse lui suffit ;
- si l'enfant souhaite davantage d'informations, et que vous vous sentez l'envie et les capacités d'aller plus loin, donnez-lui plus de détails sur le sujet ;

- une nouvelle pause, pour demander à l'enfant si le niveau de précision est satisfaisant . Et si vous demandiez à l'enfant ce qu'iel a retenu de vos explications ? En s'appropriant le sujet, l'enfant retient mieux. En outre, cela vous permettra de réajuster ou de compléter votre propos ;
- si l'enfant souhaite en savoir encore plus, et que vous pensez qu'iel a la maturité pour approfondir le sujet, vous pouvez lui donner une information très complète.

Ce livre est construit sur le même principe, avec une gradation dans la complexité des questions posées et des réponses apportées, afin de les adapter à la maturité psychoémotionnelle des enfants :

→ Les pages vertes 🟢 sont conçues pour les enfants de 5 à 8 ans ;

→ Les pages roses 🔴 sont conçues pour les enfants de 7 à 10 ans ;

→ Les pages orange 🟠 sont conçues pour les enfants de 10 ans et +.

⚠️ **IMPORTANT**

- Les âges mentionnés sont indicatifs, les degrés de maturité et de curiosité variant d'un.e enfant à l'autre. En tant qu'adulte responsable de l'enfant, vous êtes la personne la plus à même de déterminer le niveau de détails adapté à votre enfant.

- **Les cercles sont conçus de manière concentrique : pour accéder aux questions du cercle 2 🔴, il est important d'avoir lu avec votre enfant les questions du cercle 1 🟢.**

De même : avant d'aborder les questions du cercle 3 🟠, lisez d'abord avec votre enfant les questions des cercle 1 🟢 et 2 🔴.

LES PETITS +

✓ Lorsque vous croisez ce petit dessin , vous pouvez soit faire un saut vers le chapitre ou la question mentionné.e, soit poursuivre dans le chapitre où vous vous trouvez !

Bien que le livre soit évolutif, il existe des passerelles. Par exemple, pour parler de la puberté, on mentionne la reproduction (chapitre **Les bébés**), mais aussi la beauté (chapitre **L'estime de soi**), et les premiers amours (chapitre **Les premiers émois**). Tout est lié !

✓ À la fin du livre, des ressources bibliographiques et webographiques vous sont proposées, concernant l'importance et l'utilité de transmettre des informations essentielles à votre enfant.

N'hésitez pas à vous munir d'un petit carnet : vous aurez peut-être envie de prendre des notes sur ce que raconte votre enfant – voire de noter ses perles 😊

❻ Entraînez-vous !

Pour vous sentir en confiance sur un sujet en particulier, n'hésitez pas à lire en avance à la fois les pages Parents 🟡 et les pages Enfants 🟢 🔴 🟠.

Comme avant un entretien d'embauche ou une intervention publique, vous pouvez répéter : avec ou sans miroir, imaginez-vous en train d'avoir cette conversation avec votre enfant. Dire les mots à haute voix est très efficace pour surmonter votre gêne ET vous approprier les mots que vous souhaitez utiliser pour parler du corps, d'amour et de sexualité !

> **POURQUOI UTILISER L'ÉCRITURE INCLUSIVE ?**
>
> D'abord, car il n'y a aucune raison de faire primer le masculin sur le féminin. Ensuite, parce que la binarité de genre est une injonction que l'on peut dépasser. Et comme tout changement, cela passe aussi par les mots qu'on emploie. 😊

Enfin, lorsqu'on évoque l'anatomie ou les parties génitales, mieux vaut parler de personnes à pénis et de personnes à clitoris/utérus : l'existence de personnes (et en particulier d'enfants) transgenres et non-binaires est un fait. Ainsi, on ne peut présumer qu'une.e enfant né.e avec un pénis soit un garçon, de même qu'on ne peut présumer qu'un.e enfant né.e avec un clitoris soit une fille.

Dans ce livre, on emploie les pronoms « iel », « iels », « elleux », « celleux »… afin que personne ne se sente exclu.e.

Ce livre n'est en aucun cas un script obligatoire : il est là pour vous accompagner, pour vous soutenir, pour vous « assurer ».

Si vous êtes plus à l'aise avec les termes « femmes », « hommes », « filles », « garçons », utilisez-les !

7 Prenez votre envol !

Ce livre n'a pas vocation à répondre de manière exhaustive à toutes les questions des enfants : il vous permet d'avoir une base pour débuter une conversation saine, positive, inclusive et bienveillante sur la sexualité avec votre enfant.

À mesure que vous avancerez dans ce livre, vous gagnerez en confiance sur le sujet : confiance dans votre manière de transmettre l'information, confiance dans votre capacité à accueillir les questions de votre enfant. La réalité est que nous, adultes, grandissons en même temps que nos enfants. 🙂

Libre à vous d'aller plus loin avec votre enfant, de lui demander s'iel souhaite davantage d'informations sur tel ou tel sujet, d'écouter avec votre enfant des podcasts ou encore de regarder des vidéos éducatives. Nous avons la chance de vivre à une époque où les sources d'informations sont nombreuses, avec des approches adaptées à chaque âge et chaque étape du développement des enfants.

CHAPITRE 1
Le corps

Cher.s parent.s,

Prêt.e.s pour le décollage ?

Comment appelez-vous le nez de votre enfant ? Et ses oreilles ? Il est probable que vous disiez « nez » et « oreilles ».

Maintenant, comme nommez-vous ses parties intimes ?

Ah, je crois entendre « zizi », « zézette », « minou », « minette »

Vous êtes-vous déjà demandé pourquoi, uniquement pour ces parties du corps, vous utilisez des termes enfantins, et non le vocabulaire anatomique que vous utilisez pour tout le reste ?

Et si on utilisait les mots justes ?

Beaucoup d'entre nous ont grandi avec ce langage, comme s'il semblait évident qu'aux enfants, il ne faut pas nommer ces « choses-là ». En utilisant d'autres mots que le vocabulaire anatomique pour parler des organes génitaux, qui cherche-t-on à protéger ? Les enfants ou les adultes – réticent.e.s à désexualiser ces mots ?

Un pénis, une vulve, un clitoris, des testicules : ce sont d'abord des parties du corps humain avant d'être des objets de plaisir, de désir et de fantasme.

Les changements de société commencent par des changements sémantiques !

Une évolution (ou une révolution ?) éducative – être la première génération de parents à donner une éducation sexuelle positive à nos enfants – commence en adaptant les mots qu'on utilise !

De même qu'on ne parle plus « bébé » aux bébés (merci les progrès en neurosciences et en sciences de l'éducation), n'oubliez pas que vos enfants sont des personnes douées d'intelligence et de sens critique. Vous pouvez leur parler avec des mots justes.

Alors appelons un chat, « un chat ». Une vulve, « une vulve ». Et un pénis, « un pénis » ! Quel que soit le genre de votre enfant, vous pouvez aussi utiliser le mot « sexe ».

NB : S'il vous est encore difficile d'employer les mots « vulve », « pénis », « testicules », « sexe »… Pas de panique ! Chacun.e avance à son rythme.

> On avait dit bienveillance, hein ? Et si ça commençait avec nous-mêmes ?

Le corps ou la prise de conscience par l'enfant de son unicité !

Ce livre commence par un chapitre sur le corps humain, regroupant les questions soulevées par les enfants quand iels prennent conscience de l'unicité de leur corps.

En effet, très jeune, l'enfant s'aperçoit qu'iel n'a pas le même corps que ses parents, sa fratrie ou ses camarades. Pourquoi ces différences anatomiques ? Sont-elles ponctuelles – en grandissant, ces différences s'estompent – ou définitives ? Et est-ce que ces différences anatomiques le définissent ?

Sexe et genre, c'est quoi la différence ?

Pour celleux d'entre nous qui ont eu accès à un semblant d'éducation sexuelle, il nous a été expliqué qu'un garçon avait un pénis, qu'une fille avait une vulve, etc.

Cette dichotomie méconnaît la différence entre le sexe (ensemble des caractéristiques génétiques et biologiques des individus humains) et le genre : concept qui rassemble l'ensemble des comportements, rôles, activités, attributs considérés comme appropriés pour les individus dans une culture donnée selon leur sexe réel ou supposé.

Alors que le sexe est biologique, le genre est une construction sociale.

Ainsi, le sexe assigné à la naissance (pénis, vulve) ne définit pas le genre de votre enfant : seul.e votre enfant peut vous dire le genre auquel iel s'identifie. Pour lui permettre de s'autodéterminer librement en conscience, il est donc important de le sensibiliser à l'existence des personnes intersexes, transgenres, non-binaires, etc. Ce sont des questions abordées en cercle 3 de ce chapitre.

J'ai peur : tout ça, c'est nouveau pour moi !!

C'est normal d'avoir peur : vous vous rappelez la première fois que vous avez fait du vélo sans petites roues ? Ouais, c'était flippant. Et vous avez fait au mieux. Aujourd'hui, c'est pareil !

C'est OK de dire à votre enfant que vous avez besoin de temps pour aborder certaines questions de ce chapitre, ou que vous souhaitez y revenir plus tard. Votre enfant comprendra : iel sait depuis longtemps que vous n'avez pas la science infuse ! 🙂

Le plus important, c'est d'écouter votre enfant, lui faire confiance et l'aider à s'aimer tel.le qu'iel est.

Détendez-vous, respirez un grand coup, et c'est parti !

1 COMMENT ON APPELLE CE QU'IL Y A ENTRE MES JAMBES ?

Depuis que tu es bébé, tu entends dire que certaines personnes ont un zizi et d'autres ont une zézette. Dans certaines familles, on parle aussi de petit oiseau, de minou, de nénette, de minette, de foufoune, de coucougnettes, de boules...

En réalité, il existe des mots en français pour parler de ces parties du corps, situées entre les jambes :

Le « zizi » s'appelle un **pénis.**

Les « coucougnettes » s'appellent des **testicules.**

La « zézette » s'appelle une **vulve.**

Pénis, testicules et vulves peuvent aussi être appelés `sexes` car ce sont des organes sexuels.

2 POURQUOI CERTAINES PERSONNES ONT UN PÉNIS ET D'AUTRES UNE VULVE ?

Le corps humain est constitué de milliards de `cellules` : de la peau, des os, des muscles...

Chaque cellule de ton corps contient un `noyau`. Chaque noyau contient toutes les informations qui te rendent unique : la couleur de tes yeux, la forme de ton nez, la pointure que tu feras quand tu auras fini de grandir, ainsi que ton sexe (pénis ou vulve).

Ces informations sont contenues dans tes **chromosomes**. Tu as 23 paires de chromosomes dans chaque noyau.

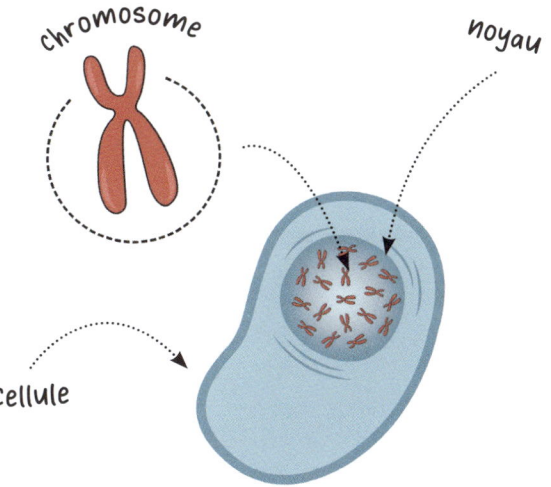

C'est ta 23ᵉ paire de chromosomes (on les appelle aussi les « chromosomes sexuels ») qui contient l'information sur ton sexe : pénis ou vulve selon la forme de ces chromosomes.

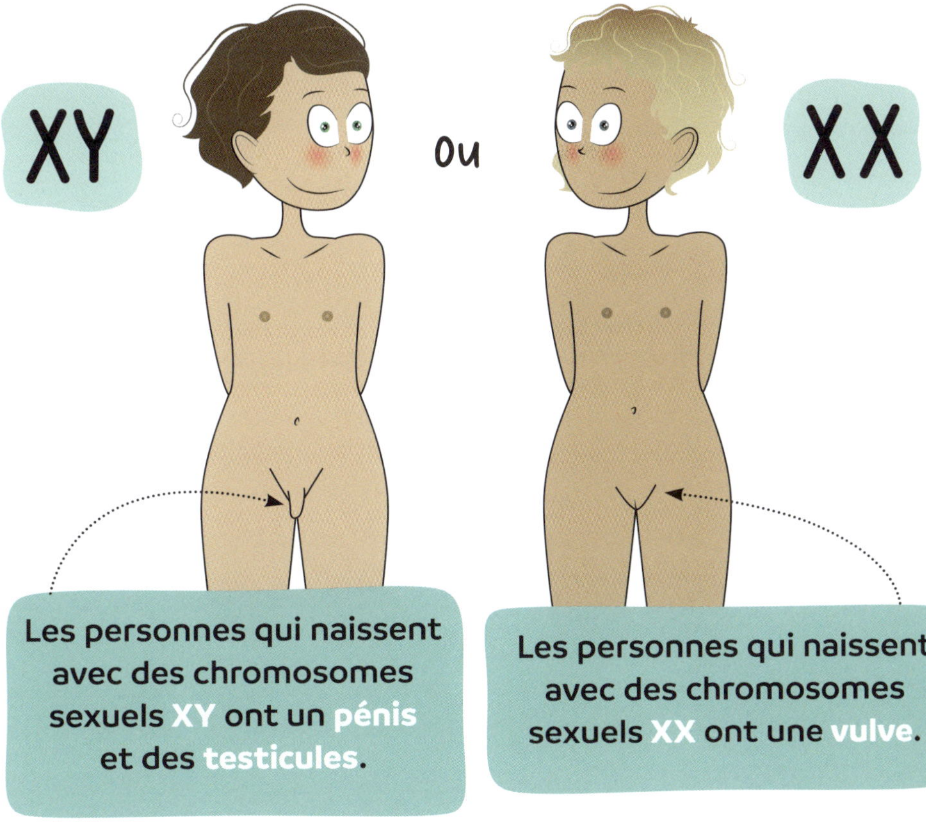

XY ou XX

Les personnes qui naissent avec des chromosomes sexuels **XY** ont un **pénis** et des **testicules**.

Les personnes qui naissent avec des chromosomes sexuels **XX** ont une **vulve**.

3 ÇA SERT À QUOI UN PÉNIS ET DES TESTICULES ?

Chez les personnes qui ont un **pénis**, les organes sexuels sont en partie visibles : le pénis et les testicules, notamment.

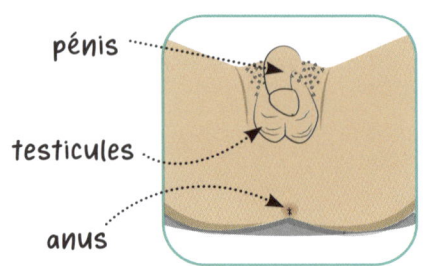
Pénis

Le pénis et les testicules ont 3 rôles :
- faire pipi (on dit aussi « uriner ») ;
- fabriquer des spermatozoïdes (et des bébés !) ;
- prendre et (se) donner du plaisir !

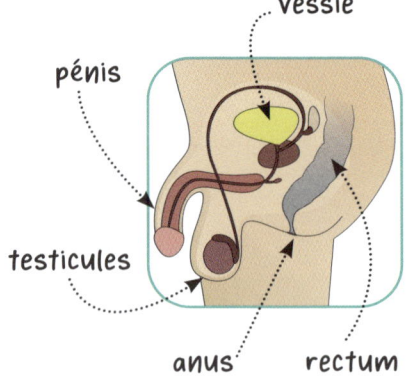

4 C'EST QUOI LE TROU DANS LA VULVE ?

Chez les personnes qui ont une **vulve**, une grande partie des organes sexuels est située à l'intérieur du corps. La vulve est la seule partie visible et comprend notamment : les lèvres internes et externes, le méat urinaire (là par où sort le pipi), le gland du clitoris et l'entrée du vagin – *c'est le fameux trou qu'on cherchait* 😊.

Le vagin est un couloir qui va de la vulve (à l'extérieur) à l'utérus (à l'intérieur). L'utérus est l'organe à l'intérieur duquel grandissent les bébés.

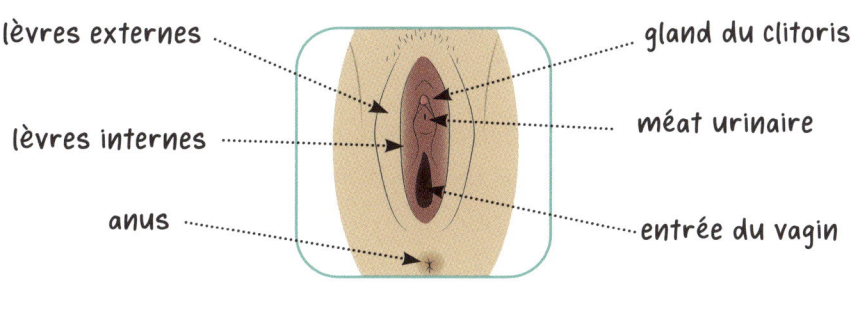

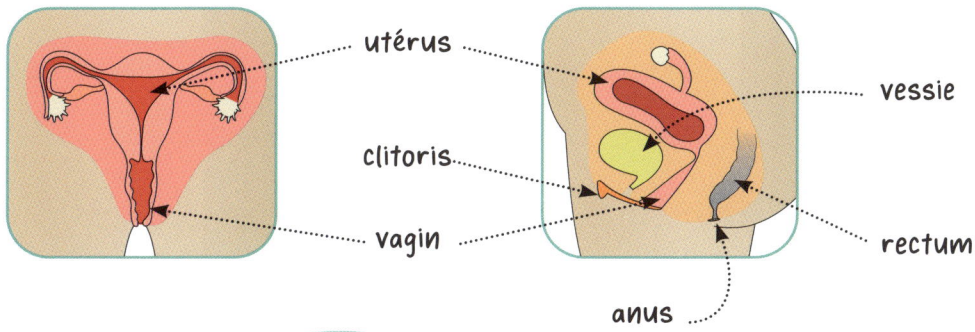

Le vagin a plusieurs fonctions :

- évacuer le sang et les tissus provenant de l'utérus pendant les règles ;
- recevoir le pénis lors des relations sexuelles pénétratives et/ou reproductives ;
- sortir le bébé lors de l'accouchement ;
- prendre et (se) donner du plaisir !

Plus d'infos sur le plaisir : chapitre 2 L'intimité.
Plus d'infos sur les règles : chapitre 3 La puberté.
Plus d'infos sur les relations sexuelles : chapitre 7 Amour, sexe et plaisir.
Plus d'infos sur l'accouchement : chapitre 8 Les bébés.

5 — POURQUOI TOUT LE MONDE N'A PAS UN PÉNIS ?

En effet, tout le monde n'a pas un pénis 😉 Cependant, les personnes à vulve possèdent un organe extraordinaire appelé `clitoris` dont **la seule partie visible est le gland, situé en haut de la vulve.**

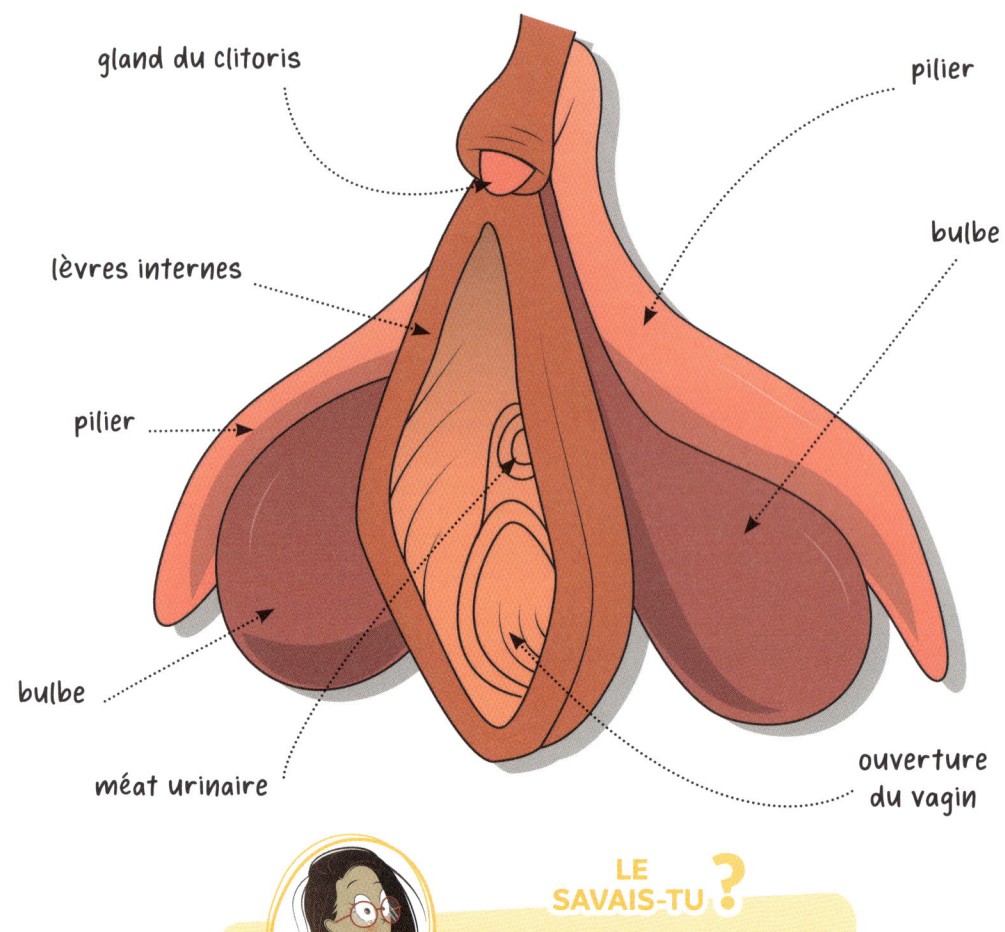

LE SAVAIS-TU ?

Le clitoris est le seul organe du corps humain totalement dédié au plaisir !

Et maintenant, une question pour toi :

Vois-tu une ressemblance entre ces 2 organes ?

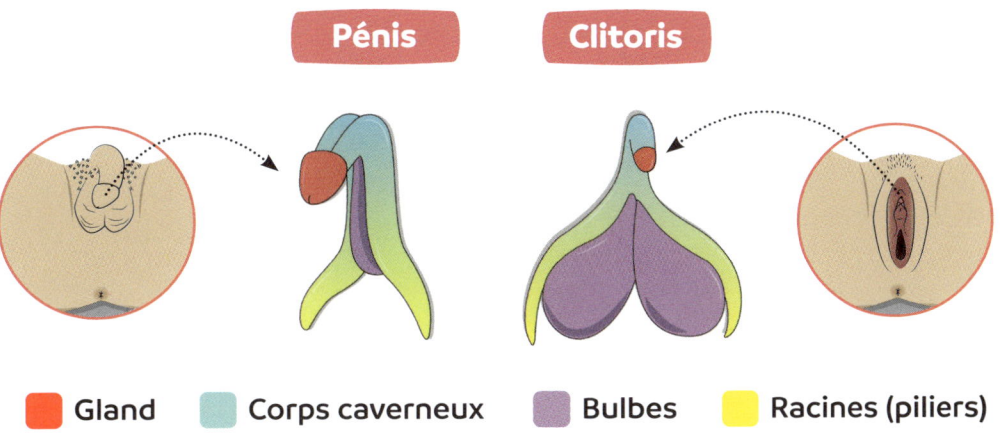

■ Gland   ■ Corps caverneux   ■ Bulbes   ■ Racines (piliers)

Tu as trouvé des ressemblances ? **Bien joué !**
Ces organes ont plus de points communs que de différences 🙂

● **Clitoris et pénis viennent des mêmes cellules** (lors de la grossesse, ces cellules se différencient pour former un pénis ou un clitoris).

● **Ils contiennent des milliers de terminaisons nerveuses**, ils sont très sensibles au toucher !

● **Ils sont érectiles :** ça veut dire que, lorsqu'on les stimule, ils se remplissent de sang, gonflent et deviennent encore plus sensibles !

La principale différence est que le pénis est visible à l'extérieur, contrairement au clitoris qui est essentiellement à l'intérieur du corps.

6 — MON SEXE, JE DOIS LE LAVER ?

Quel que soit ton sexe (pénis, vulve), il est important d'en **prendre soin** pour permettre aux gentilles bactéries qui protègent ton sexe de la saleté, des infections… de bien faire leur travail.

Si tu as une vulve, voici comment te laver :

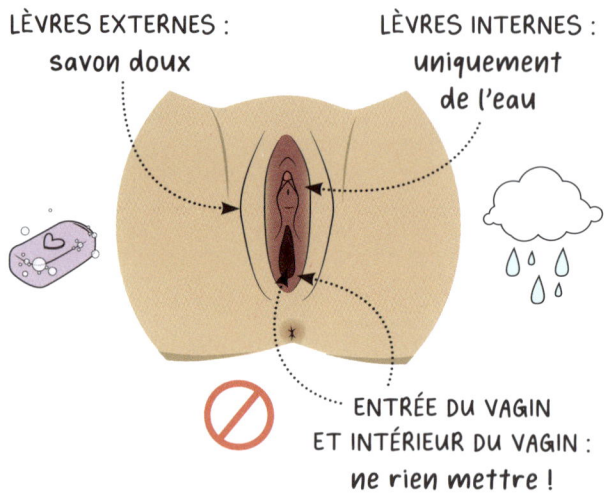

LÈVRES EXTERNES : savon doux

LÈVRES INTERNES : uniquement de l'eau

ENTRÉE DU VAGIN ET INTÉRIEUR DU VAGIN : ne rien mettre !

LE SAVAIS-TU ?

Pourquoi ne met-on rien dans le vagin ? Le vagin est autonettoyant ! Il produit spontanément des liquides qui le protègent.

Donc il n'a pas besoin d'être lavé avec de l'eau (pas de douche vaginale !), et encore moins avec du savon ou un autre produit – cela peut même l'abîmer !

Si tu as un pénis :

- n'oublie pas de t'essuyer le pénis après chaque pipi ;
- sous la douche, lave ton pénis et tes testicules avec de l'eau et éventuellement un savon doux, en faisant attention de ne pas frotter trop fort (la peau est fragile) et en rinçant bien ;
- si tu décalottes ton gland (aucune obligation !), lave-le soigneusement avec de l'eau tiède.

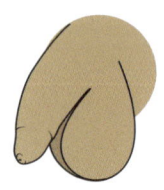
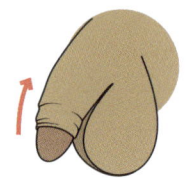

Les 5 règles d'or pour un sexe en bonne santé :

- se laver les parties intimes chaque jour – sans oublier l'anus, pour enlever toutes les saletés ;
- ne pas oublier de se sécher avant de se rhabiller ;
- changer de sous-vêtement tous les jours 😊
- dormir dans une tenue aérée (pyjama ou chemise de nuit sans sous-vêtement), ou nu.e sous la couette !) ;
- s'essuyer toujours de l'avant vers l'arrière (du sexe vers l'anus) quand on va aux toilettes, en particulier quand on fait caca.

7. MON SEXE SENT BIZARRE, EST-CE QUE C'EST NORMAL ?

Une vulve, ça sent… la vulve !

Un pénis, ça sent… le pénis !

Et c'est normal, car les bactéries qui protègent ton sexe dégagent une odeur naturelle, qui est différente de celle du reste du corps.

Il est donc important de *ne pas chercher* à enlever cette odeur (par exemple, en utilisant beaucoup de savon, du parfum, ou d'autres produits). Tu risquerais de détruire ces gentilles bactéries.

Si l'odeur de ton sexe change, ou si ça sent beaucoup plus fort que d'habitude : n'hésite pas à en parler à un.e adulte de confiance, qui t'accompagnera chez le médecin si nécessaire.

7-10 ans

8. POURQUOI LES PARENTS ONT UN PÉNIS/DES SEINS PLUS GROS QUE CEUX DES ENFANTS ?

As-tu déjà essayé les chaussures de tes parents ? **Est-ce qu'elles sont à ta taille ?** Et les chaussures avec lesquelles tu as marché pour la première fois : **penses-tu rentrer encore dedans ?**

Tu grandis ! Depuis que tu es né.e et jusqu'à environ 17/18 ans, tu vas continuer à grandir : tes pieds, tes mains, ta taille, ton nez, ton pénis/clitoris, etc. Tous tes organes vont grandir, à leur rythme !

Un jour, tu dépasseras même peut-être tes parents qui ont atteint leur taille adulte. Leurs organes sont grands et pour la plupart ne grandiront plus.

9 — EST-CE QUE MOI AUSSI J'AURAI DES POILS SOUS LES BRAS ?

Non seulement ton corps grandit mais, à partir de la puberté (qui peut commencer entre 8 et 13 ans, selon les enfants), **ton corps va également changer !**

Parmi les changements les plus visibles, des poils apparaissent autour du sexe, sous les bras, mais également sur les bras et les jambes, au-dessus de la bouche, et ailleurs sur le corps. Ces changements sont naturels et il n'y a aucune honte à avoir !

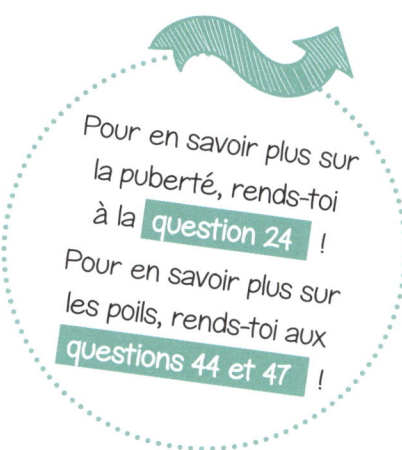

Pour en savoir plus sur la puberté, rends-toi à la question 24 !
Pour en savoir plus sur les poils, rends-toi aux questions 44 et 47 !

7-10 ans

10 — EST-CE QUE TOUS LES PÉNIS, TOUTES LES VULVES SONT PAREIL.LE.S ?

Est-ce que tu as le même nez que tes camarades de classe ?

Non ? **Bah pour les pénis et les vulves, c'est pareil !**

Chaque personne possède un modèle unique de pénis ou de vulve (en série très limitée), et c'est cette diversité qui est chouette !

Pour avoir une idée des différents modèles qu'on trouve dans la nature, rendez-vous au chapitre 4 *L'estime de soi*

11 — EST-CE QUE CERTAINES PERSONNES ONT À LA FOIS UN PÉNIS ET UNE VULVE ?

Oui ! Il arrive que certaines personnes naissent à la fois avec un pénis et une vulve, ou avec un pénis et un vagin, ou avec une vulve et des testicules… Les variations biologiques et anatomiques sont infinies : certaines personnes peuvent même naître avec des chromosomes XX et un pénis ou des chromosomes XY et un vagin.

Ces personnes sont appelées des personnes intersexes ou intersexuées : ce n'est ni une maladie ni un désordre, simplement une variation naturelle du développement.

Ces personnes intersexes représentent 1,7 % des naissances, soit autant qu'il y a de personnes rousses dans la population !

12 — EST-CE QU'AVOIR UN PÉNIS SIGNIFIE ÊTRE UN GARÇON ?

Pour répondre à cette question, voici une devinette :

Quel est le point commun entre ces 3 personnes ?

Ces 3 personnes ont été assignées garçons à la naissance.

● Ce sont des personnes `transgenres` : depuis leur enfance, malgré le fait qu'elles soient nées avec un pénis, ces personnes se ressentent et s'identifient comme des filles ou des femmes, et non comme des garçons ou des hommes. Ce sont donc des filles ou des femmes.

● De même, une personne assignée fille à la naissance et parce que née avec une vulve peut se ressentir et s'identifier comme un garçon ou un homme.

● Enfin, il est possible – quels que soient les organes génitaux de naissance (pénis/vulve) de ne se ressentir ni fille, ni garçon, mais un mélange des deux (bigenre), ou aucun des deux (agenre), ou alternativement l'un ou l'autre (genderfluid). C'est ce qu'on appelle être une personne non-binaire .

13 — EST-CE QUE JE PEUX CHOISIR D'ÊTRE UNE FILLE PLUTÔT QU'UN GARÇON ?

Quels que soient tes organes sexuels de naissance, le genre est une identité qui t'appartient. Si tu te ressens fille, tu es une fille. Si tu te ressens garçon, tu es un garçon. Si tu ne te ressens ni fille, ni garçon, ou un mélange des deux, tu es une personne non-binaire.

Si tu as des questions sur ton identité de genre, n'hésite pas à en parler à tes parents ou à un.e adulte de confiance.

> **14** PARFOIS JE ME SENS FILLE, PARFOIS JE ME SENS GARÇON, PARFOIS JE ME SENS LES DEUX : EST-CE NORMAL ?

Oui, c'est totalement possible !

Non seulement ton identité de genre t'appartient, mais elle est dynamique : elle peut évoluer dans le temps ! Il n'y a donc aucune inquiétude à te sentir parfois fille, parfois garçon, parfois un mélange des deux ou aucun des deux.

Il se peut aussi que tu aies envie qu'on te considère comme un garçon ou une fille, mais que tu te ressentes à la fois fille et garçon. Ceci t'appartient, et seul.e toi peux décider quelle identité de genre tu choisis de montrer ou d'exprimer au monde extérieur !

CHAPITRE 2
L'intimité

Cher.s parent.s,

Alors, vous avez survécu au premier chapitre ?

Je suis sûre que vous vous en êtes très bien sorti.e.s 😊

Maintenant que la glace est brisée sur le vocabulaire du corps, place au deuxième chapitre, qui vous aidera à parler d'intimité et de consentement (notion approfondie au chapitre 6) avec votre enfant.

Aider l'enfant à prendre conscience de son intimité

S'il y a une triste réalité sur laquelle nous avons ouvert les yeux ces dernières années, c'est le nombre d'enfants et personnes mineures qui ont été victimes de violences sexuelles – qu'elles soient intrafamiliales, ou commises par d'autres personnes. Rappelez-vous qu'en France, au moins 40 % des victimes de violences sexuelles ont moins de 15 ans*. Ce chiffre fait blémir, et appelle de nombreuses actions pour prévenir ces crimes et accompagner les victimes.

Que pouvons-nous faire, en tant que parents, pour protéger nos enfants ?

Un premier pas essentiel est d'aider l'enfant à prendre conscience de soi, de son intimité, et de son propre consentement. Expliquer à un.e enfant que son corps lui appartient et que nul.le ne peut y avoir accès sans son consentement.

Une deuxième étape consiste à prendre l'habitude de demander à votre enfant la permission de le.la prendre dans les bras ou de lui faire un bisou (ou tout autre contact physique). C'est ainsi que l'enfant prend conscience qu'il est normal qu'on lui demande son autorisation avant d'entrer dans son intimité et que son consentement est important, et doit être respecté !

Une troisième étape est de faire comprendre à votre enfant que ces notions d'intimité et de consentement s'appliquent à tout le monde : réciproquement, votre enfant doit également demander la permission avant de faire un bisou, un câlin ou de prendre une personne dans ses bras !

Le corps : premier terrain de jeu, d'exploration et de plaisir de l'enfant

Les parents sont souvent pris au dépourvu lors de la découverte par l'enfant de son propre corps.

Comment réagir lorsqu'on surprend son enfant en train de se toucher les organes génitaux, en train de se « frotter » contre divers objets et mobiliers ? L'imagination des enfants est débordante !

Rappelez-vous que la pratique masturbatoire est observée chez tous les mammifères, et ce dès la naissance (et même *in utero*). Les humain.e.s ne sont pas une exception 😊 C'est une pratique saine, normale – et non obligatoire (si votre enfant ne se masturbe pas, tout va bien aussi) !

Vous pouvez donc rassurer votre enfant sur son droit à explorer son corps – tant que sa propre intimité et celle des autres est préservée. N'hésitez pas à lui proposer de poursuivre son exploration tranquillement dans sa chambre, ou dans tout autre lieu dans lequel iel trouve de l'intimité.

Chacun.e avance à son rythme

Il est possible que vous ressentiez de la gêne devant certaines questions. Apaisez-vous : il n'y a aucune urgence à aborder l'ensemble des questions du chapitre à un rythme forcé. Vous y reviendrez plus tard, lorsque vous serez prêt.e.s, ou lorsque votre enfant vous posera directement ce genre de question.

Souvenez-vous aussi que vous n'êtes pas tenu.e.s de répondre aux questions de votre enfant concernant votre propre pratique masturbatoire : cela relève de votre intimité parentale.

---

* Source : Ined, Enquête Virage 2015.

15 — ÇA VEUT DIRE QUOI « INTIME » ?

« Intime », c'est un mot qui signifie qu'il y a des choses qui n'appartiennent **qu'à toi**, à commencer par ton corps. L'intime, c'est également ton jardin secret : tes sentiments, tes pensées, tes rêves.

Chaque personne a droit à son intimité : toi, tes camarades de classe, tes parents…

C'est aussi important de faire respecter ta propre intimité que de respecter celle des autres.

Prenons un exemple et regardons ensemble ce château fort.

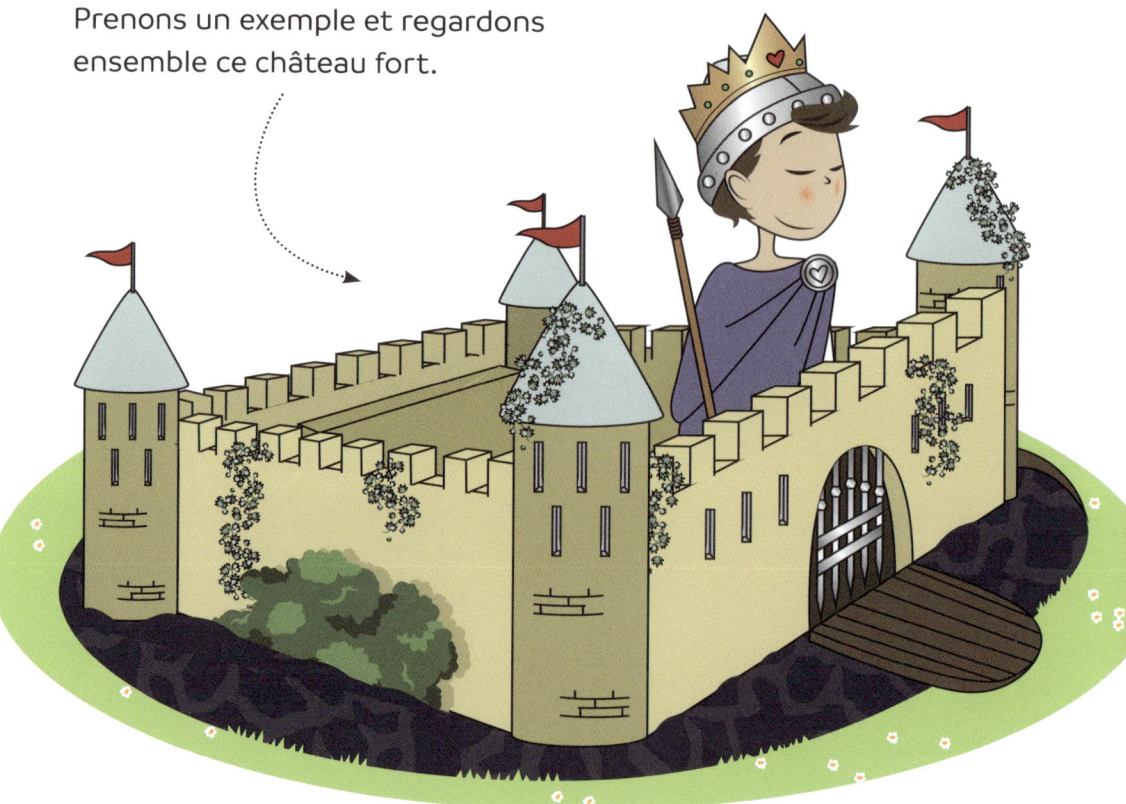

Peux-tu décrire les différentes parties de ce château fort ? Par quoi est-il protégé ?

On trouve les douves (remplies d'eau), le pont-levis, la herse, les meurtrières : ce sont autant de moyens de défense, qui protègent le château fort et son donjon des envahisseurs.

À ton avis, quel est le rapport entre le mot « intime » et ce château fort ?

Bien vu ! Ce château fort, c'est : TON corps / TON intimité

Considère-toi comme le roi et/ou la reine de TON corps – de même que tu serais roi et/ou reine du château fort : personne ne peut y avoir accès sans ta permission ! Donc si des personnes veulent accéder à ton corps (te toucher, te faire un bisou, te prendre dans les bras), elles doivent demander ton autorisation.
Et tu as parfaitement le droit de refuser.

Cas pratique

Que faire si un.e camarade de classe veut te prendre la main, et que tu n'en as pas envie ? Rappelle-lui que :

Tu ne lui as pas donné accès à ton corps (le pont-levis est fermé, la herse est baissée).

On doit te demander ton avis avant de toucher ton corps, parce que ton corps est intime !

5-8 ans

16 — J'AIME PAS QU'ON ME FASSE DES BISOUS, C'EST NORMAL ?

Qu'est-ce que tu n'aimes pas ?

Qu'on te fasse **des bisous ?**

Qu'on te fasse des bisous **sans te demander avant si tu en as envie ?**

Ou bien est-ce que tu n'es pas à l'aise **avec la personne qui te fait des bisous ?**

Dans tous les cas, c'est parfaitement OK :

- **de ne pas aimer les bisous**, et de ne pas accepter qu'on t'en fasse !

- de ne pas aimer qu'une personne entre dans ton intimité en te faisant un bisou, alors que **tu n'as rien demandé** et qu'on ne t'a pas demandé la permission avant !

- de ne pas aimer les câlins et bisous **de certaines personnes** en particulier, par exemple parce que tu ne les connais pas bien (ou parce qu'elles ont mauvaise haleine) !

- d'aimer avoir des câlins et des bisous **à certains moments**, et pas du tout à d'autres moments !

Sais-tu qu'il y a des pays dans le monde où on ne se fait jamais la bise pour se saluer ou dire bonjour ?

Par exemple :

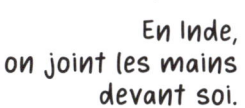

Au Japon, on se salue en s'inclinant.

En Inde, on joint les mains devant soi.

Si tu étais né.e dans ces pays-là, tu n'aurais jamais à faire la bise pour dire bonjour ou saluer.

Cas pratique

Que faire si une personne (que ce soit un.e camarade de classe, un.e membre de ta famille, un.e voisin.e, ou toute autre personne) t'oblige à lui faire la bise ? Explique-lui que :

> Ton corps est ton territoire, ton intimité : il t'appartient, et personne n'a droit d'y avoir accès sans ton autorisation – même pour un bisou !

> La politesse est de dire « Bonjour », pas de faire la bise !

Tu peux aussi inventer ta propre façon de dire bonjour sans faire la bise. Par exemple, tu peux faire un check de main ou de coude (si la personne en face est d'accord) !

17 — POURQUOI JE NE PEUX PAS ME TOUCHER DEVANT TOI / DEVANT TOUT LE MONDE ?

Ton corps est intime !

Cela signifie que tu peux le découvrir, le toucher et faire connaissance avec lui, c'est OK. Et mieux vaut le faire dans un espace qui t'appartient comme ta chambre, ou dans un lieu dans lequel tu te sens bien lorsque tu es seul.e (par exemple, la salle de bains).

Les personnes qui t'entourent ont également le droit à leur intimité : tu ne peux pas leur imposer ou leur exposer ta propre intimité.

18 — EST-CE QUE JE PEUX FERMER LA PORTE QUAND JE SUIS DANS LA SALLE DE BAINS ?

Il existe un mot pour dire qu'on n'a pas envie de montrer son corps ou de regarder certaines parties du corps des autres : c'est la **pudeur**. On parle aussi de pudeur pour des sentiments ou des émotions qu'on préfère garder pour soi.

La pudeur permet de protéger sa propre intimité et de respecter celle des autres.

Chaque société a ses critères de pudeur, qui évoluent avec le temps. Il y a encore cent ans, montrer ses genoux en public en France n'était pas autorisé.

Certaines familles sont plus à l'aise que d'autres avec la nudité et se montrent facilement dévêtues (à la sortie de la douche, le matin au réveil...). D'autres familles sont, au contraire, très `pudiques` : cela signifie avoir une grande pudeur.

Au sein de chaque famille, on peut aussi avoir des niveaux de pudeur différents : certaines personnes aiment se promener toutes nues dans la maison, d'autres n'en ont pas envie – et peuvent être gênées par la nudité des autres. Dans ce cas, on essaie de faire des efforts pour que la personne la plus pudique se sente à l'aise.

En grandissant, il est fréquent que les enfants prennent conscience de leur pudeur et de leur besoin d'intimité.

Par exemple, on peut :

● fermer la porte de la chambre en écrivant « Interdit d'entrer » ;

● fermer la porte de la salle de bains pour que personne n'y entre pendant qu'on y est ;

● utiliser une cape qui cache le corps quand on doit se changer dans un lieu public (dans les vestiaires de la piscine ou sur la plage).

Donc si tu as besoin d'intimité, n'hésite pas à le dire à tes parents et aux autres membres de ta famille :

c'est aussi cela grandir.

19 **EST-CE QUE C'EST MAL D'AVOIR ENVIE DE TOUCHER OU DE FROTTER MON SEXE ?**

Non seulement ce n'est pas mal, mais surtout c'est normal d'avoir envie d'explorer ton corps – y compris ton sexe. Il y a même un mot qui existe pour parler de la découverte de ton propre sexe : cela s'appelle la masturbation .

 Se masturber , c'est **toucher**, **caresser**, **frotter** ou **stimuler** son propre sexe.

Tous les mammifères se masturbent : c'est un acte naturel, qui leur permet d'apprivoiser leur corps. Les êtres humains ne sont pas une exception, et commencent même à se masturber avant leur naissance (dans le ventre de leur parent) !

De même que les bébés utilisent leurs mains pour se toucher le visage, les cheveux, le nombril, les pieds… il est naturel d'avoir envie de toucher son sexe pour le découvrir ou se masturber.

20 **POURQUOI JE N'AI PAS ENVIE DE ME TOUCHER LE SEXE ?**

Chaque personne se découvre à son rythme : si tu ne ressens pas le besoin de te masturber, ne le fais pas ! Nous avons toute la vie pour faire connaissance avec notre corps.

21 — POURQUOI ÇA FAIT DU BIEN DE SE MASTURBER ?

Ta peau est couverte de terminaisons nerveuses : lorsque tu touches une partie de ton corps, un message est envoyé au cerveau, qui va réagir. Si tu te pinces ou si tu te cognes, tu auras une sensation de douleur. Si tu te tires les cheveux, ça ne va pas être sympa !

En revanche, si tu effleures ta peau, il est possible que tu ressentes du **plaisir** ou des **chatouilles**, ou les deux !

Le sexe est l'une des parties du corps humain les plus riches en terminaisons nerveuses : c'est une zone très sensible ! Donc si tu touches ton sexe, c'est probablement une sensation agréable que tu vas ressentir. Et c'est pour ça que tu auras peut-être envie de continuer à le toucher, le frotter, jouer avec, ou encore l'arroser sous la douche.

La seule chose importante est de respecter ton intimité et celle des autres : lorsque tu te masturbes, assure-toi de le faire au calme, dans un lieu tranquille pour ne pas être dérangé.e et ne pas déranger les autres 😉

Est-ce que je peux me frotter contre toi, comme hier ?

22 — POURQUOI J'AI LE PÉNIS TOUT DUR LE MATIN ?

Avoir le pénis tout dur porte un nom : cela s'appelle avoir une **érection**. Si tu as un pénis, tu as peut-être remarqué que parfois – notamment au réveil – tu as une érection.

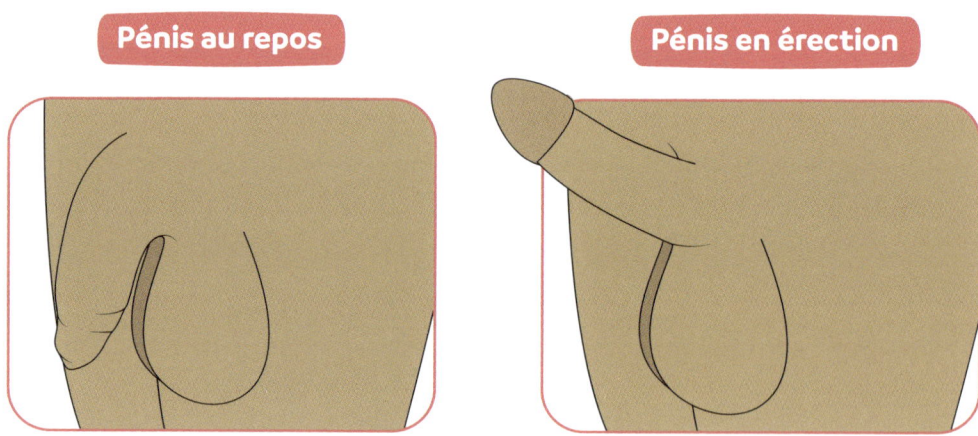

Pénis au repos — **Pénis en érection**

Cette réaction de ton corps est parfaitement normale. On a même déjà observé des bébés qui ont une érection avant leur naissance.

Le corps humain, y compris le pénis, est parcouru de vaisseaux qui permettent au sang de circuler. Une érection est due à un afflux de sang dans le pénis. Cela peut arriver lorsque les terminaisons nerveuses du pénis sont stimulées (quand tu te masturbes), mais aussi sans que tu puisses le contrôler. C'est le cas lorsque la vessie est pleine et que tu as besoin d'aller aux toilettes – par exemple au réveil, mais aussi lorsque tu dors et que tu fais des rêves.

23. POURQUOI J'AI MAL LORSQUE J'AI UNE ÉRECTION ?

Lors d'une érection, le pénis se remplit de sang. Les terminaisons nerveuses du pénis (elles sont nombreuses) sont alors écrasées sur les parois du pénis, ce qui rend le pénis très sensible, et même douloureux tant la tension est importante.

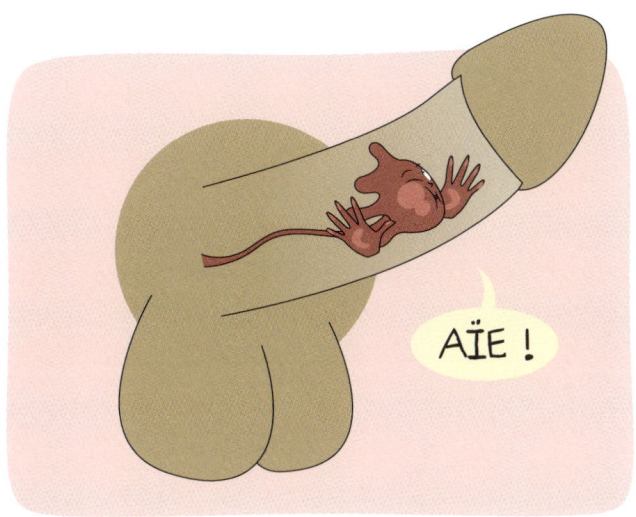

LE SAVAIS-TU ?

Il n'y a pas que le pénis qui peut entrer en érection : le clitoris, qui fonctionne comme le pénis (regarde la question 5) peut aussi se remplir de sang et devenir tout dur !

CHAPITRE 3
La puberté

Cher.s parent.s,

Comment allez-vous après ces deux premiers chapitres ?

Vous avez déjà fait un gros morceau, et vous pouvez être fier.ère.s de vous !

Une fascination mêlée de peur pour l'adolescence

Si votre enfant a entre 5 et 9 ans, vous êtes peut-être en train de souffler : la petite enfance est derrière vous, et l'adolescence n'a pas encore montré le bout de son nez. Pour autant, les enfants sont presque tou.te.s fasciné.e.s par cette adolescence dont iels entendent parler à l'école, dans la culture populaire (films, séries, livres…), ou dont iels sont témoins en famille.

Si votre enfant est déjà un.e pré-ado (entre 10 et 12 ans), les questions abordées dans ce chapitre sont encore plus présentes et tangibles. Entre sérénité et peur du changement (à qui le changement ne fait pas peur ?), votre enfant sera sans doute ravi.e de trouver une oreille attentive pour exprimer ses appréhensions et poser ses questions !

La puberté, phase de transition entre enfance et âge adulte

Derrière les transformations physiques, mentales et comportementales de l'adolescence, une grande responsable : la puberté (et son cortège hormonal) !

Étape de développement observée dans l'ensemble du monde animal, la puberté désigne la transition de l'âge enfant à l'âge adulte, transition à l'issue de laquelle on a la possibilité physiologique de se reproduire.

Dans ce chapitre, nous allons donc à la fois répondre aux questions des enfants sur les manifestations concrètes de la puberté, mais aussi leur expliquer le sens de ces changements.

AINSI :

• On ne peut résumer les règles à du sang qui s'écoule chaque mois !

Ce sang a un sens. En expliquant à votre enfant ce que sont les règles, vous lui permettez de comprendre d'où viennent les bébés 😊

• On ne peut résumer le sperme à un liquide blanchâtre expulsé par un sexe en érection !

Une éjaculation de sperme a une raison d'être ! En expliquant à votre enfant l'origine biologique de ce phénomène, vous lui permettez également de comprendre d'où viennent les bébés 😊

Pourquoi parler de puberté aux enfants ?

Il est normal d'avoir des craintes sur ce chapitre (comme tous les autres !), d'avoir peur que cela soit « trop tôt », que cela « donne des idées » aux enfants, ou encore parce que tout ce qui touche au corps, et *a fortiori* aux fluides corporels, est encore marqué du sceau du tabou !

Rappelez-vous que notre génération a connu des publicités pour des protections périodiques où le sang des règles était bleu !

Et pourtant, à la lecture des principes directeurs de l'UNESCO (et des centaines d'études médicales et sociologiques compilées dans leur bibliographie), force est de constater que :

✓ Le meilleur âge pour commencer à évoquer ces sujets avec les enfants est la période dite de « latence » (5 à 12 ans) – bien entendu, les questions et réponses de ce chapitre sont adaptées à la maturité psychoémotionnelle des enfants : on ne raconte pas la même chose à un.e enfant de 5 ans et un.e enfant de 12 ans.

✓ Plus tôt on parle aux enfants de leur corps et de son fonctionnement, mieux les enfants appréhendent les changements qu'iels vivent, plus iels se sentent libres de poser des questions pour avancer vers l'adolescence et leur vie d'adulte en toute quiétude !

Prêt.e.s à y aller ?

Ne vous inquiétez pas, on y va pas à pas, dans la joie et la bonne humeur ! 😄

24 — C'EST QUOI LA PUBERTÉ ?

Au cours de ta vie, tu as déjà franchi plusieurs étapes :

Avant ta naissance, dans le ventre de ton parent, **tu étais un fœtus.**

Après ta naissance, **tu étais un bébé.**

Depuis que tu as 3 ans, tu n'es plus un bébé : **tu es un.e enfant !**

La prochaine étape de ton développement sera de passer de l'enfance à l'âge adulte : ce passage est appelé puberté.

La puberté s'observe dans l'ensemble du monde animal : c'est à partir de la puberté que les animaux (et l'espèce humaine !) peuvent **se reproduire**, c'est-à-dire que les organes de reproduction se mettent à fonctionner et qu'on peut

faire des bébés !

Voir chapitre 8 Les bébés

adolescence — âge adulte

Chez les êtres humains, on parle aussi d' adolescence pour désigner la période qui s'étend de la puberté à l'âge adulte.

25. QUAND EST-CE QUE MA PUBERTÉ VA COMMENCER ?

De même que toutes les personnes ne commencent pas à marcher ou à parler au même âge, les premiers signes de la puberté apparaissent à des moments différents selon les enfants.

Généralement, la puberté débute entre 9 et 14 ans (mais cela peut aussi commencer plus tôt ou plus tard chez certain.e.s enfants). La période de puberté peut durer trois à cinq années !

26 — QU'EST-CE QUI SE PASSE DANS MON CORPS PENDANT LA PUBERTÉ ?

Avant de décrire ce qui se passe dans ton corps, faisons connaissance avec le chef d'orchestre de la puberté : **le cerveau**.

Peu avant l'adolescence, ton cerveau commence à produire certaines hormones (hormones cérébrales) qui donnent l'ordre à ton corps de fabriquer des hormones sexuelles.

Cela déclenche ta puberté.

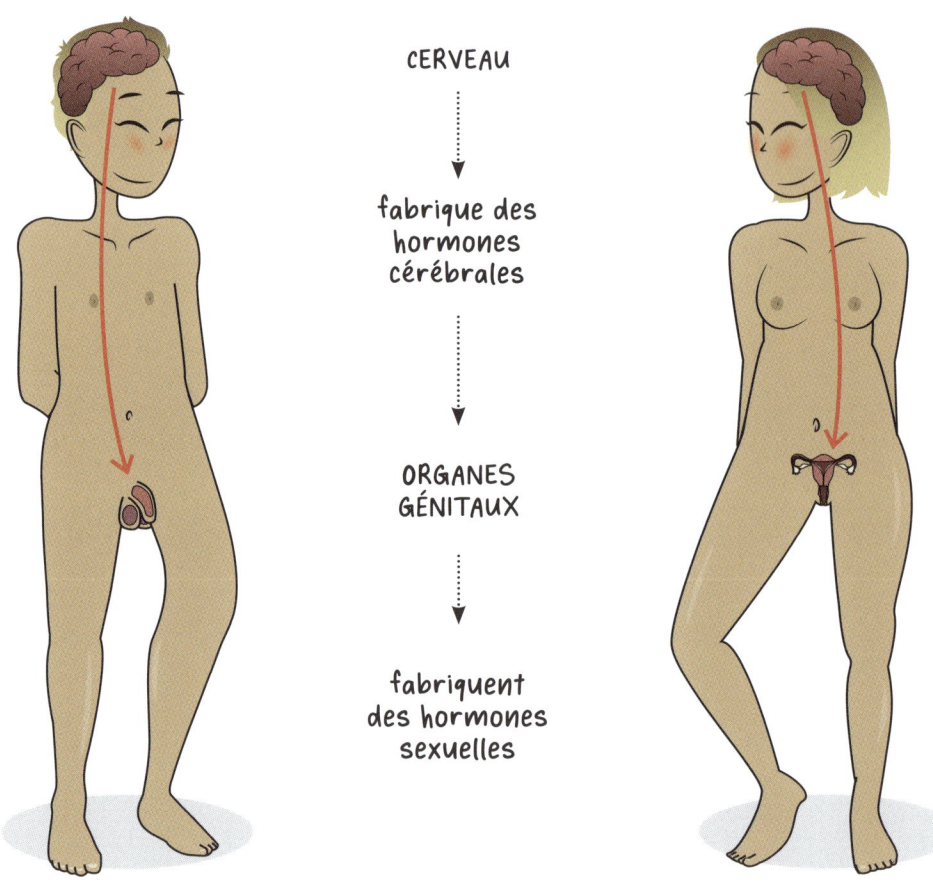

CERVEAU
↓
fabrique des hormones cérébrales
↓
ORGANES GÉNITAUX
↓
fabriquent des hormones sexuelles

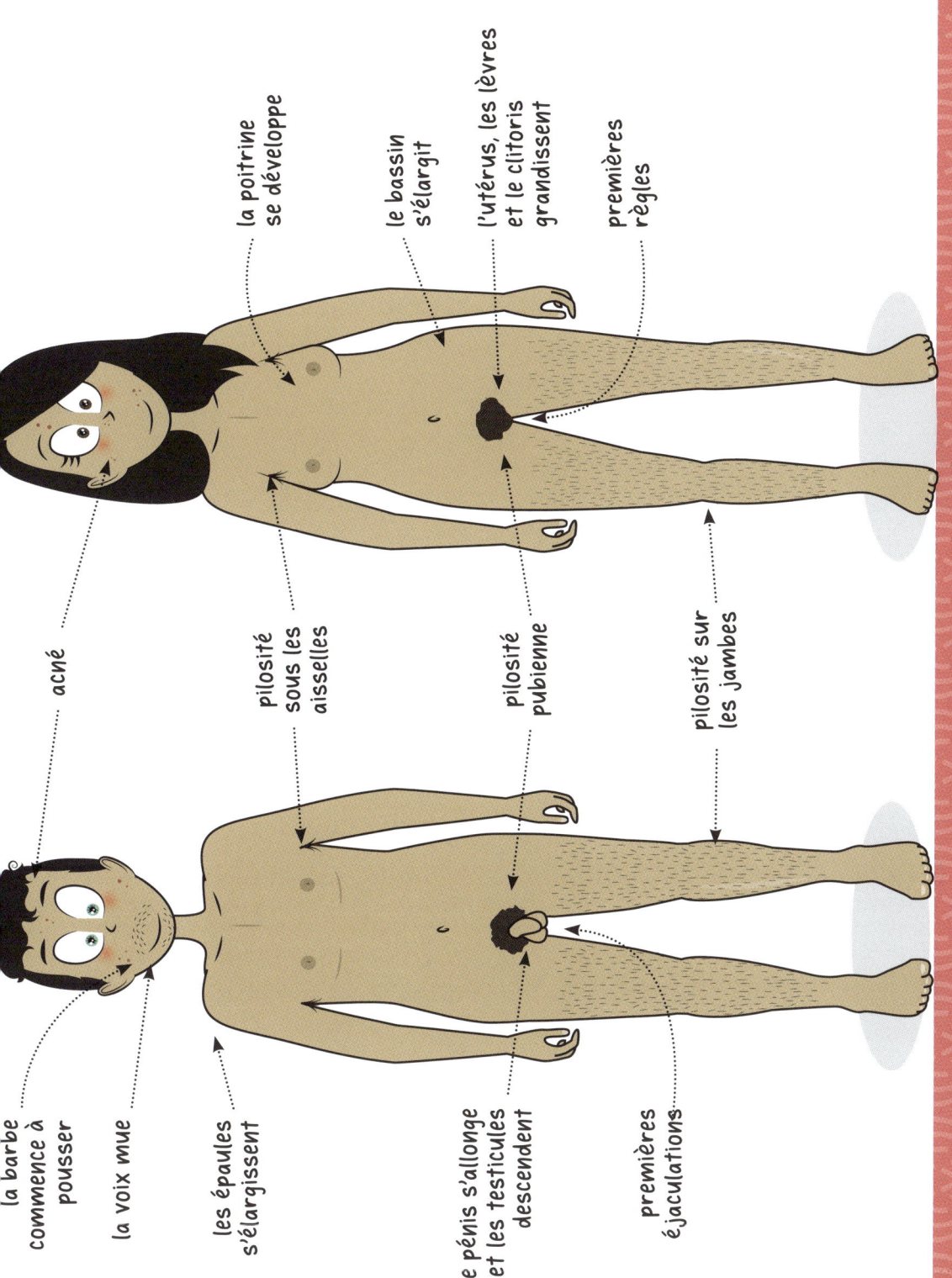

27 · POURQUOI LES GRANDS ENFANTS NE VEULENT PLUS JOUER AVEC MOI ?

Comme tu l'as constaté, la puberté s'accompagne de nombreux changements corporels. Mais cela ne s'arrête pas là ! Les hormones jouent également un rôle très important dans le contrôle de l'humeur et des émotions.

C'est pour ça que les « grands enfants » – on dit aussi les `adolescent.e.s` ou `ados` – ont parfois des comportements bizarres. Ce n'est pas simple du tout de faire face à des **invasions d'hormones** ! Passer du rire aux larmes, de l'envie d'être seul.e au besoin d'être entouré.e, de la fierté de soi au dégoût, le tout plusieurs fois par jour : quel défi !

Si tu connais des ados, rappelle-toi qu'iels ne sont plus complètement des enfants, mais pas encore des adultes. Cet entre-deux est loin d'être confortable. Les jeux de l'enfance ne les intéressent plus trop, mais les préoccupations des adultes ne les concernent pas encore.

Alors essaie d'être indulgent.e avec elleux, comme tu aimerais qu'on soit indulgent.e avec toi le jour où tu seras un.e ado ! 😊

Tu sais, maintenant j'ai compris, ce n'est pas facile pour toi.

28 C'EST QUOI LES RÈGLES ?

Les règles sont des saignements provenant de l'utérus, qui s'écoulent par le vagin pendant trois à sept jours. On les appelle « règles » car elles reviennent plus ou moins régulièrement – tous les mois environ (mais cela peut être plus fréquent ou plus espacé, surtout lors des premières règles).

Chez les personnes qui possèdent un utérus, la puberté se manifeste notamment par l'apparition des premières règles, généralement entre 10 et 14 ans.

LE SAVAIS-TU ?

PAS D'INQUIÉTUDE si tu as tes règles plus tôt ou plus tard que tes camarades, chaque corps évolue à son rythme !

29 POURQUOI ON A SES RÈGLES ?

Pour comprendre les règles, je te propose un petit voyage dans la vie d'une personne à utérus !

Depuis sa naissance – et même avant – ses ovaires fabriquent des ovules. Ce sont des cellules reproductrices : pour fabriquer un bébé, il faut une rencontre entre un ovule et un spermatozoïde (cellule reproductrice d'une personne à pénis).

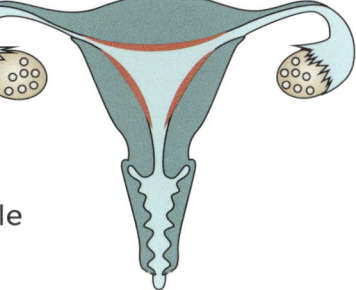

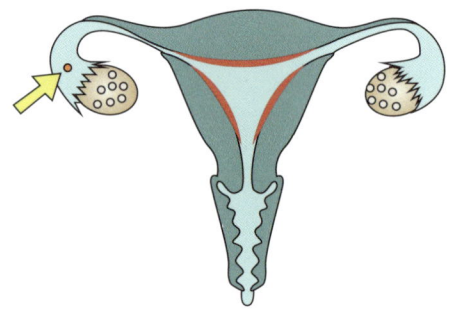

A. Chaque mois (environ), les ovaires expulsent un ovule dans l'utérus. C'est ce qu'on appelle `l'ovulation`.

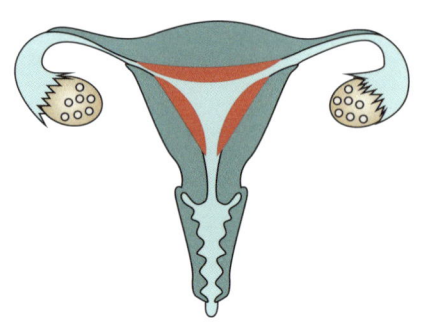

B. Après chaque ovulation, l'endomètre (paroi de l'utérus) s'épaissit pour fabriquer un nid douillet, au cas où l'ovule expulsé rencontrerait un spermatozoïde.

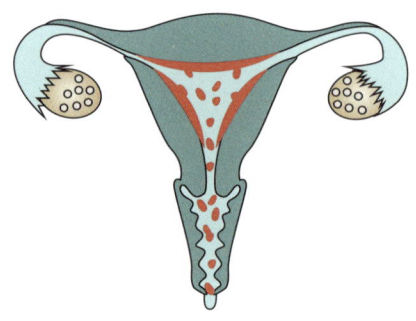

C. Deux possibilités :

✓ Soit l'ovule rencontre un spermatozoïde, ensemble ils forment un œuf (futur bébé) qui grandit dans le petit nid douillet préparé par l'endomètre.

✓ Soit la rencontre n'a pas lieu, pas besoin de nid douillet : l'endomètre est évacué par l'utérus.

Ce sont `les règles`.

Donc les règles, ce sont des morceaux d'endomètre (surtout du sang) qui franchissent le col de l'utérus et s'écoulent par le vagin.

Le premier jour des règles est considéré comme le 1er jour du cycle menstruel, l'ovulation ayant souvent lieu au 14e jour du cycle.

Pour en apprendre plus sur les règles, rdv à la question 34 et les suivantes.

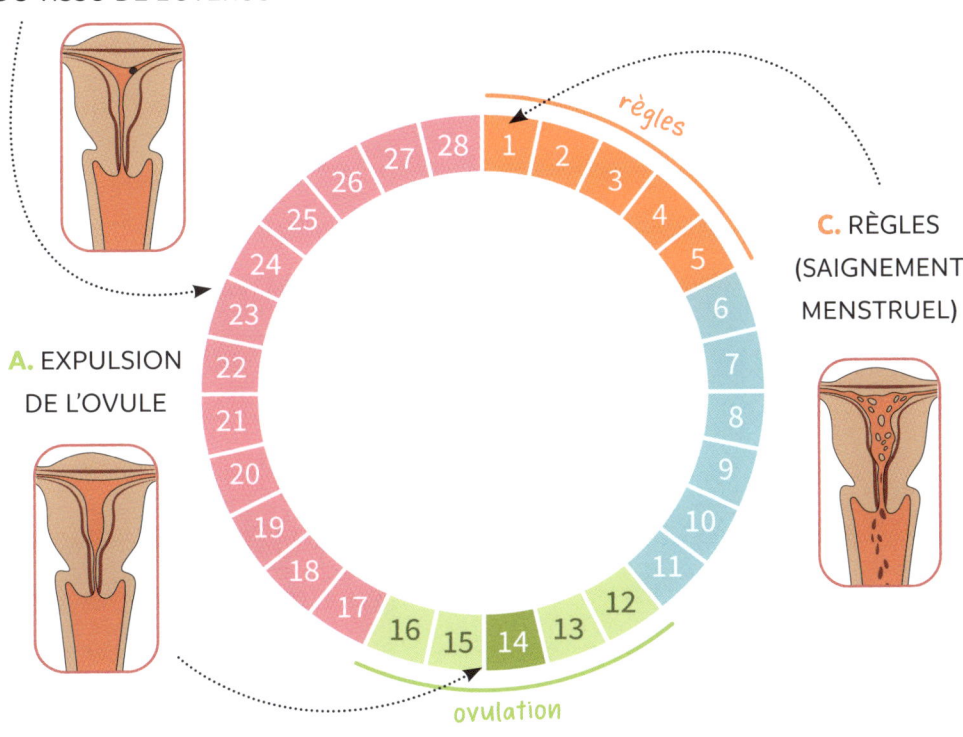

B. ÉPAISSISSEMENT DU TISSU DE L'UTÉRUS

A. EXPULSION DE L'OVULE

C. RÈGLES (SAIGNEMENT MENSTRUEL)

règles

ovulation

LE SAVAIS-TU ?

L'apparition des règles chez une personne signifie que le cycle menstruel et les ovulations se mettent en place : à partir de ce moment-là, cette personne peut se reproduire et concevoir un bébé !

7-10 ans

30 — C'EST QUOI LE SPERME ?

À partir de la puberté, sous l'action de la testostérone, les organes sexuels des propriétaires de pénis commencent à fabriquer du sperme.

> Le sperme est un mélange de plusieurs liquides émis par différents organes !

Dans le sperme, on retrouve :

- des spermatozoïdes fabriqués par les deux testicules et stockés dans les épididymes (15 % du mélange) ;
- du liquide séminal provenant des vésicules séminales, glandes sexuelles internes (60 % du mélange) ;
- du liquide prostatique qui vient de la prostate, autre glande interne (20 % du mélange) ;
- du liquide sécrété par les glandes de Cowper (5 % du mélange).

Le sperme, c'est un incroyable cocktail !

Retrouve sur le dessin les organes qui participent à la production du sperme !

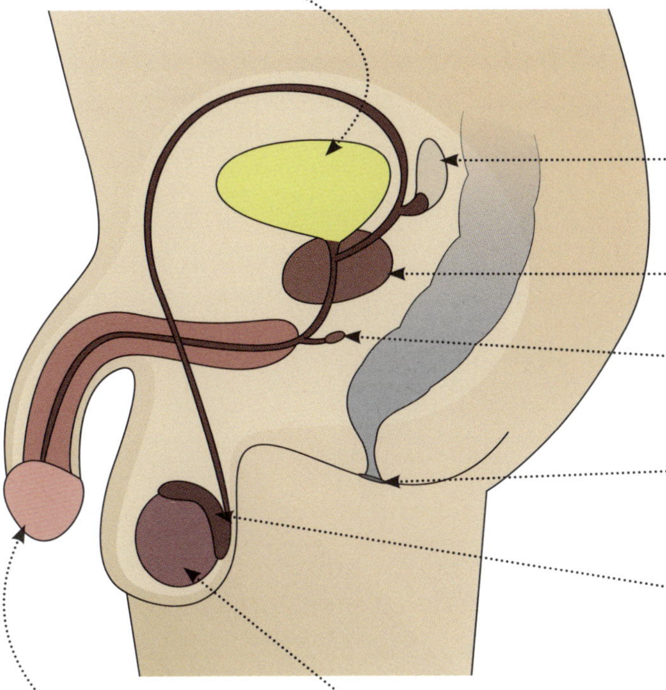

Légendes : vessie, vésicule séminale, prostate, glande de Cowper, anus, épididymes, pénis, testicules

LE SAVAIS-TU ?

Ce sont les spermatozoïdes contenus dans le sperme qui participent au processus de reproduction. En effet, c'est la rencontre entre un spermatozoïde et un ovule qui permet de lancer la fabrication d'un bébé.

Rdv au **chapitre 8** Les bébés pour en savoir plus !

7-10 ans

31 — ÇA VEUT DIRE QUOI « ÉJACULER » ?

Éjaculer signifie « expulser du sperme », ce qui est possible à partir du moment où on a un pénis !

Ce phénomène s'appelle une **éjaculation**.

Lors d'une éjaculation, le pénis expulse une faible quantité de sperme (moins de 10 ml – à peine plus qu'une cuillère à café !) dont l'aspect est généralement crémeux, collant, et de couleur blanche.

Le sperme n'est pas stocké dans le corps « prêt à l'emploi » : les 4 ingrédients qui le composent se mélangent juste avant l'éjaculation (trois secondes avant). C'est pourquoi l'aspect du sperme peut varier d'une éjaculation à l'autre !

Les premières éjaculations apparaissent à la puberté :

- Certaines sont contrôlées (lorsque tu te masturbes).
- D'autres sont involontaires (par exemple la nuit, dans ton sommeil).

32 — POURQUOI AI-JE DES ÉJACULATIONS NOCTURNES ?

Pendant la puberté, les personnes à pénis produisent une grande quantité de sperme et de spermatozoïdes. Le corps élimine spontanément cet excédent de sperme, grâce à des éjaculations qui ont lieu la nuit quand tu dors !

Donc pas de stress si tu as des éjaculations nocturnes ! C'est un phénomène totalement normal, qui peut se produire plusieurs fois par semaine, voire plusieurs fois par nuit.

Ces éjaculations nocturnes se produisent le plus souvent lorsque tu rêves, pendant la phase de sommeil qu'on appelle « sommeil paradoxal », même si tu ne te souviens pas d'avoir rêvé.

Il n'y a pas grand-chose à faire pour les éviter. Toutefois, se masturber permet de diminuer leur fréquence en éliminant de manière volontaire l'excédent de sperme.

LE SAVAIS-TU ?

Les éjaculations nocturnes sont le signe que ta puberté se déroule normalement ! Aucune honte à avoir si tes draps sont mouillés au réveil : je te propose de faire ta part de travail dans la maison en prenant en charge le nettoyage de tes draps 😊

33 — POURQUOI JE N'ARRIVE PAS À CONTRÔLER MES ÉRECTIONS ?

Comme expliqué à la question 24, pendant la puberté, les hormones sexuelles envahissent le corps des ados. Pour les personnes à pénis, la testostérone, hormone qui agit à la fois sur le désir sexuel et sur les érections, est produite en grande quantité.

Il est donc normal d'avoir des érections involontaires – parfois même à des moments ou dans des endroits un peu gênants 😊

Par exemple, il est possible qu'un geste, un mot ou une situation provoque une érection, et il n'est pas toujours facile de ramener ton pénis au repos…

Que faire si tu as une érection involontaire ?

🟠 Quand tu t'en aperçois, essaie de t'isoler – pour préserver ton intimité et celle des autres.

🟠 Tu peux essayer de ramener ton pénis au repos en respirant, en buvant de l'eau ou en sortant faire un tour.

🟠 Si tu en ressens le besoin, tu peux aussi te masturber à l'abri des regards pour éliminer l'excédent de sperme qui est parfois la cause de cette érection. Mieux vaut t'isoler quelques minutes que de garder longtemps une érection involontaire, qui peut devenir douloureuse !

Encore une fois, *ce phénomène est naturel* : ta puberté se déroule parfaitement et, bientôt, ces érections spontanées – et les moments de solitude qui vont avec – ne seront qu'un lointain souvenir !

34 EST-CE QUE LES RÈGLES, ÇA FAIT MAL ?

Comme expliqué à la question 27, les règles résultent de l'évacuation par l'utérus de l'endomètre – lorsqu'il n'y a pas de rencontre entre un ovule et un spermatozoïde.

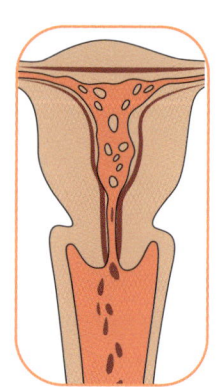

Pour évacuer les règles, l'utérus effectue des petites contractions, ce qui permet aux morceaux d'endomètre de franchir le col de l'utérus pour s'écouler par le vagin.

Il est possible que tu sentes légèrement ces contractions, comme il est possible que tu aies très mal. Cela dépend des personnes et des cycles.

En cas de douleurs de règles, n'hésite pas à en parler à un médecin ou une sage-femme : il existe des traitements pour apaiser ces douleurs.

Dans tous les cas, perdre du sang n'est jamais anodin : le sang est riche en fer, et tu peux ressentir de la fatigue pendant tes règles.

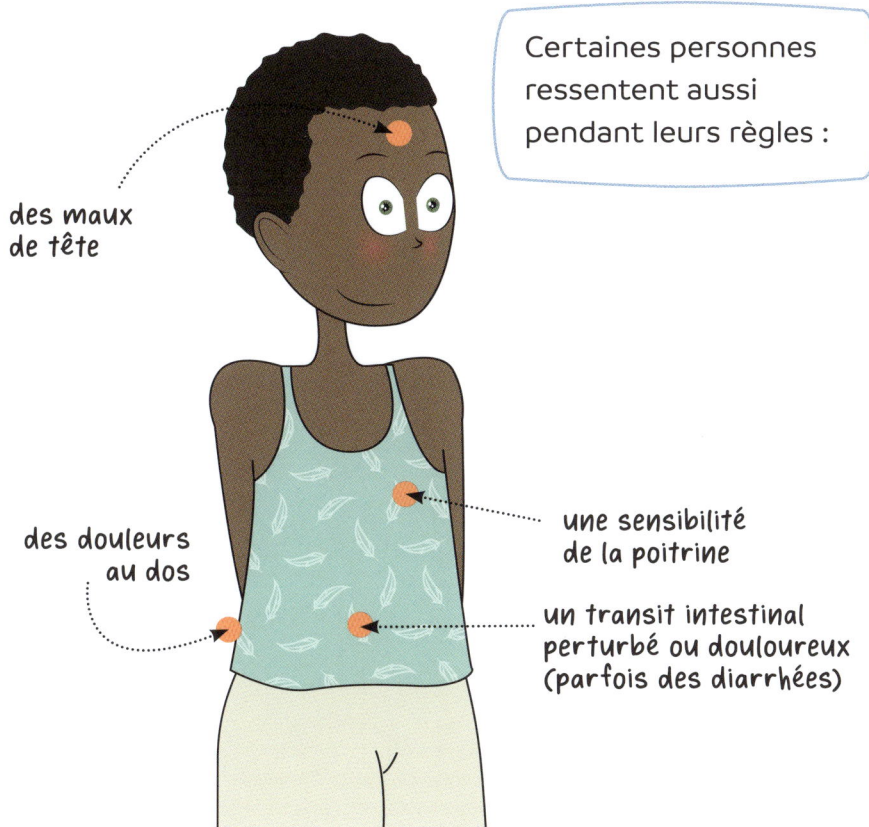

Certaines personnes ressentent aussi pendant leurs règles :
- des maux de tête
- des douleurs au dos
- une sensibilité de la poitrine
- un transit intestinal perturbé ou douloureux (parfois des diarrhées)

Si ces désagréments troublent ton quotidien, tu peux en parler à ton entourage. Avoir ses règles n'est pas une honte.

Au contraire !

C'est carrément un exploit de faire face au quotidien alors que ton corps traverse des bouleversements hormonaux et physiques pendant les règles.

Force à toi !

35 — C'EST NORMAL D'AVOIR TELLEMENT MAL AU VENTRE QUE JE NE PEUX PAS ALLER EN CLASSE ?

Si, malgré les traitements antidouleurs prescrits, la douleur ressentie pendant les règles est insupportable – au point de ne pas pouvoir aller en cours, ni mener une vie « normale », il est possible que tu sois concerné.e par l'endométriose ou l'adénomyose.

Ce sont des maladies qui touchent au moins 10 % des personnes à utérus, et qui se caractérisent par la présence de cellules de l'endomètre ou similaires :

- dans le muscle utérin (myomètre) : on parle alors d'adénomyose ;
- dans tout le corps : les intestins, le rectum, la vessie, la zone pelvienne… : on parle alors d'endométriose.

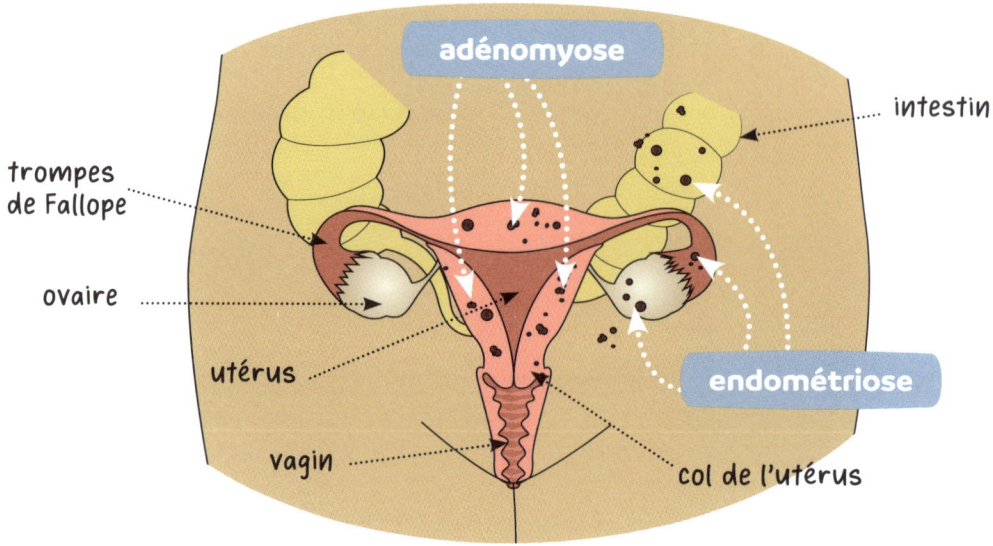

On ignore encore pourquoi des cellules comme celles de l'endomètre se retrouvent hors de l'utérus. Toutefois, on commence à connaître les symptômes de ces maladies :

→ règles très douloureuses, au point d'avoir du mal à aller en classe ou aux activités ;

→ règles souvent abondantes ;

→ douleurs quand on va aux toilettes (même en dehors des règles) ;

→ grande fatigue…

Cette maladie est aujourd'hui reconnue en France, et des centres de soins se développent dans les grandes villes. Si tu penses être concerné.e, n'hésite pas à prendre rendez-vous pour bénéficier d'un accompagnement adapté.

36 POURQUOI C'EST TABOU DE PARLER DES RÈGLES ?

En raison de certaines croyances et traditions, les personnes menstruées (qui ont leurs règles) ont longtemps été mises à l'écart, interdites de vie sociale, ou considérées comme impures ou malades.

LE SAVAIS-TU ?

Dans de nombreux pays, ces discriminations continuent. Par exemple, au Népal, les personnes menstruées doivent vivre dans une cabane à l'extérieur du village pendant toute la durée de leurs règles.

En France, la libération de la parole autour des règles est récente. Beaucoup de personnes menstruées de la génération de tes parents ont découvert ce qu'étaient les règles… le jour où elles les ont eues pour la première fois !

Il a fallu attendre 2018 pour qu'une marque de protection périodique représente le sang des règles par un liquide rouge dans une publicité (auparavant ce liquide était toujours de couleur bleue) alors qu'il n'y avait aucun problème pour représenter une écorchure de genoux avec du sang rouge pour une marque de pansements !

À ton avis, quelle différence entre du sang au genou et le sang des règles ?

C'est parce que le sang des règles s'écoule par le sexe. *Ce tabou n'a pas lieu d'être !* Il n'y a aucune raison de passer sous silence ce que vivent les femmes et personnes menstruées dans leurs corps.

37 — DU COUP, JE NE SUIS PAS OBLIGÉ.E DE CACHER QUE J'AI MES RÈGLES ?

Non seulement, tu n'as pas à te cacher, *mais tu peux être fier.ère !*

La **fierté menstruelle**, c'est oser dire qu'on fait face au quotidien : aller en classe, se dépasser en cours de sport, donner un concert ou un spectacle, faire une randonnée, travailler sur un devoir ou un exposé tout le week-end… tout en gérant son SPM/ses règles et tout ce qui va avec (bouleversements hormonaux et physiques, douleurs, logistique des protections périodiques, lessives…).

Jusqu'à récemment, les personnes menstruées devaient endurer tout cela, et en plus le faire en silence et dans la honte. C'était la **double peine**.

Maintenant, c'est fini ! Il n'est plus question de se taire. La réalité est que relever ces défis chaque mois est héroïque : obtenir un 17/20 à un contrôle, tout en ayant un SPM/ses règles à gérer, c'est comme obtenir un 22/20. Et il y a de quoi être fier.ère 😊

Et si tu as du mal à sortir du lit tant la douleur est intense, il n'y a aucune honte à dire : « J'ai mes règles et je fais au mieux. »

38 — COMMENT SOUTENIR MES CAMARADES QUI ONT LEURS RÈGLES ?

Merci de poser cette question ! En effet, c'est aussi grâce aux personnes non-menstruées qu'on pourra lever le tabou autour des règles.

La première chose est de cesser toute parole blessante, toute moquerie autour des règles. Par exemple, ne jamais dire à une personne menstruée : « t'as tes règles ou quoi ? »

Non seulement, ça n'est pas drôle, mais c'est extrêmement blessant ! Cela vise à discréditer la personne en la réduisant à ses organes génitaux.

La seconde chose à faire est d'être en **empathie** avec ce que vivent les personnes menstruées autour de toi :

- si une personne menstruée a une tache sur son pantalon, le lui signaler avec discrétion, et pourquoi pas lui proposer ton sweat pour cacher cette tache ?
- accompagner les personnes menstruées à l'infirmerie si nécessaire ;
- proposer de porter leur sac (les douleurs de règles peuvent aller jusque dans le dos) ou de leur apporter un verre d'eau ;
- avoir sur soi des protections périodiques, pour dépanner si besoin.

Voilà, tu as toutes les cartes en main pour être un.e super allié.e !!!

Force à toi !

39 — COMMENT FAIRE QUAND J'AI MES RÈGLES ?

La première chose à savoir, c'est que 50 % des habitant.e.s de cette planète a/a eu/aura ses règles à un moment de sa vie. C'est un phénomène naturel, signe de bonne santé : **il n'y a donc aucune honte à avoir ses règles et à en parler.**

Que ce soient tes premières règles ou les suivantes, il existe des protections périodiques que tu peux utiliser, glisser dans ton sac pour plus tard ou pour dépanner tes camarades.

Pas de panique si tu te retrouves sans protection ! Ça arrive à tout le monde. Tu peux en demander à tes camarades ou aller à l'infirmerie ou à la vie scolaire pour qu'on t'en donne.

Quelle protection utiliser ?
- Les serviettes
- Les tampons
- La culotte menstruelle
- La cup

MON CORPS, MON CHOIX !

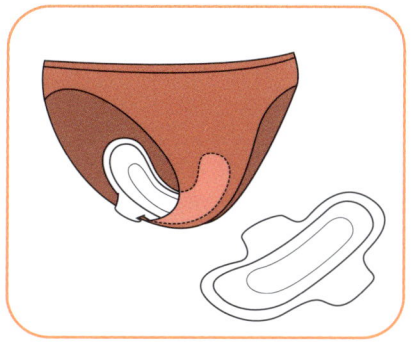

LES SERVIETTES

Les **serviettes** sont des bandes de tissu absorbant qu'on glisse dans la culotte pour recueillir le sang.

Il existe des serviettes à usage unique (en vente dans toutes les grandes surfaces) ou lavables, bio ou non !

● **Avantage** des serviettes lavables : tu peux les réutiliser autant de fois que tu veux, c'est mieux pour la planète. Elles coûtent plus cher à l'achat, mais c'est vite rentabilisé !

● **Inconvénient** des serviettes : tu ne peux pas te baigner avec. Donc si tu vas à la mer ou à la piscine, opte plutôt pour un maillot de bain de règles, une cup ou des tampons.

Les serviettes lavables doivent être lavées après chaque utilisation.

Qu'elles soient à usage unique ou lavables, les serviettes sont à changer plusieurs fois par jour.

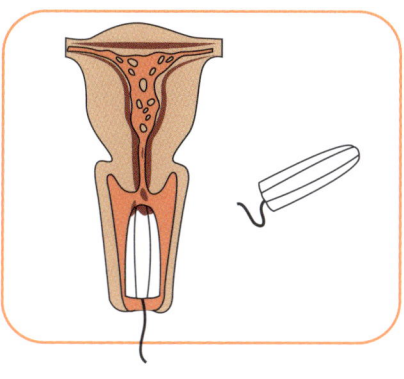

LES TAMPONS

Les **tampons** sont des petits tubes de coton en forme de fusée, qui se glissent dans le vagin. La petite ficelle sert à retirer le tampon une fois qu'il est rempli de sang.

🟠 **Avantages** des tampons : tu peux en trouver dans toutes les grandes surfaces (bio ou non), ça ne prend pas de place dans ton sac et tu peux te baigner (en piscine, à la mer…) pendant tes règles !

🟠 **Inconvénient** des tampons : pas simple de s'introduire un tampon dans le vagin ! Tu peux essayer les tampons avec un applicateur, si besoin. L'applicateur est un tube qui permet l'insertion du tampon avec plus de facilité.

LA CULOTTE MENSTRUELLE

La `culotte menstruelle` (ou culotte de règles) est une culotte avec des SUPER POUVOIRS absorbants.

Pas besoin de mettre quoi que ce soit dans ta culotte ou ton vagin : c'est la CULOTTE qui fait le travail. Elle est plus épaisse à certains endroits, ce qui lui permet de recueillir le sang des règles sans fuite !

🟠 **Avantage** de la culotte menstruelle : tu l'enfiles et le tour est joué ! Sans doute la plus simple d'utilisation de toutes les protections. Existe en version maillot de bain pour les jours de baignade.

🟠 **Inconvénients** de la culotte menstruelle : plus chère à l'achat, mais sachant que tu auras tes règles plus de deux mille jours dans ta vie, c'est vite rentabilisé ! Il faut aussi la laver : après utilisation, fais-la tremper dans un bain d'eau froide, puis direction la machine à laver !

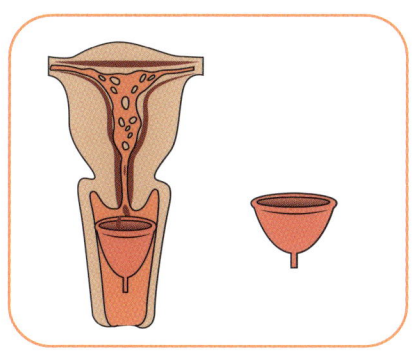

LA CUP

Une `cup` est une petite coupe en forme d'entonnoir, fabriquée en silicone médical. On la place au fond du vagin, autour du col de l'utérus, pour recueillir le sang des règles.

Régulièrement (selon ton flux), lorsque tu vas aux toilettes, tu retires la cup et tu la vides dans la cuvette. Puis tu la rinces à l'eau fraîche avant de la remettre en place. En deux minutes le tour est joué !

● **Avantages** de la cup : elle est réutilisable si tu l'entretiens bien ! C'est également la solution la plus économique puisqu'une seule cup peut être utilisée pour la durée de tes règles.

● **Inconvénient** de la cup : pas simple de mettre un objet au fond du vagin ! Il est fréquent de tâtonner un petit peu avant d'y arriver – pas de panique si tu ne réussis pas du premier coup. Par ailleurs, dans les toilettes publiques, les points d'eau ne sont pas toujours disponibles.

Quelques conseils importants !

- Lorsque tu manipules tes protections périodiques, n'oublie pas de te laver soigneusement les mains avant et après.

- Les tampons et cups doivent être changés plusieurs fois par jour pour prévenir les infections et les maladies.

- La nuit, le flux est plus abondant : utilise la protection avec laquelle tu te sens le plus à l'aise et que tu peux garder longtemps.

40 — QUELLE QUANTITÉ DE SANG ON PERD PENDANT LES RÈGLES ?

Pendant les règles, la quantité de sang évacué varie selon les personnes et les cycles. Généralement, c'est l'équivalent d'un petit pot de compote (100 ml) qui s'écoule en quelques jours.

Certaines personnes perdent plus de sang que d'autres : on parle alors de **règles abondantes**.

Comment savoir si j'ai des règles abondantes ? Si tu dois changer ou vider ta serviette, ton tampon, ta cup ou ta culotte plus d'une fois toutes les 3 heures, tu as des règles abondantes !

LE SAVAIS-TU ?

Lors des règles, les saignements sont différents d'un jour à l'autre (on n'évacue pas la même quantité de sang chaque jour). Durant les premiers jours de règles, on évacue plus de sang qu'à la fin des règles. La couleur du sang qui s'écoule varie aussi : du rouge vif au rose, en passant par le brun presque marron. Bref, les règles, c'est toute une aventure !

41 COMMENT JE SAIS QUE MES RÈGLES VONT ARRIVER ?

Lorsque tes règles arrivent, note sur ton agenda le premier jour des règles : cela correspond au premier jour de ton cycle menstruel. Après quelques cycles, tu pourras peut-être prévoir la semaine d'arrivée de tes prochaines règles. Idéal pour mettre une protection de secours dans ton sac 😊

Il est aussi possible que ton cycle soit irrégulier : aucune inquiétude, c'est très fréquent, surtout la première année !

Ensuite, il est possible que ton corps te donne des informations pour te repérer dans ton cycle !

En effet, ton cycle est comme un manège à sensations fortes (genre un Grand huit). Toi, tu es un wagon. Ton moteur, ce sont les hormones.

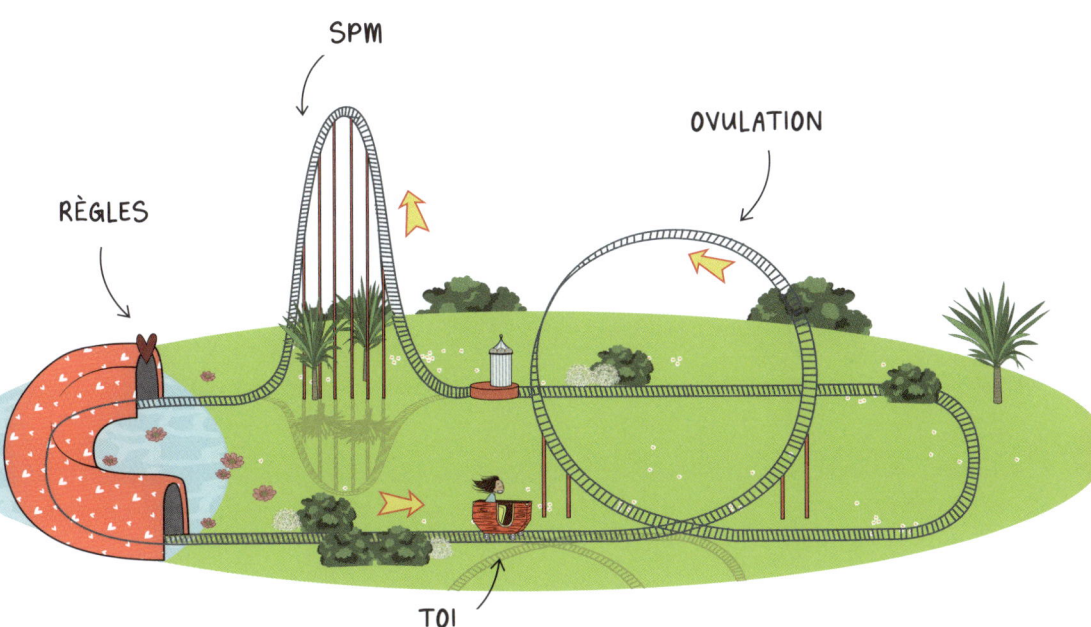

En fin de cycle menstruel, quelques jours avant les règles, ton wagon prend une grande descente. Cela correspond à une chute de ton taux d'hormones sexuelles. Ces hormones ont un impact sur ton corps, ton humeur, ton comportement et tes émotions.

L'ensemble des signes que ton corps t'envoie parce qu'il est secoué par cette chute hormonale s'appelle SPM = SYNDROME PRÉMENSTRUEL !

Exemple de SPM :

Pas de panique : tes règles arrivent !

Pas de panique (bis) : cet état ne dure que quelques jours !

Une recette miracle pour mieux vivre le SPM ?

Pas vraiment ! Le mieux est encore de te chouchouter, de faire des choses qui te font du bien. Par exemple, prendre un bain chaud, regarder ta série du moment, rester sous la couette avec un bon livre et une bouillotte, cuisiner ton plat préféré, pratiquer/faire une séance de relaxation…

Tu peux aussi essayer de prendre l'air : oxygéner ton cerveau est toujours une bonne idée ☺

42 — POURQUOI MA CULOTTE EST TACHÉE ALORS QUE JE N'AI PAS MES RÈGLES ?

Quelques mois avant l'arrivée de tes règles, des **pertes blanches** viennent décorer tes culottes.

Bonus : après tes premières règles, tu verras que cette déco change d'aspect selon le moment du cycle menstruel !

Ces « pertes blanches » sont des sécrétions émises par le col de l'utérus qu'on appelle **glaire cervicale**. La glaire peut être de couleur blanche ou jaune clair, d'une consistance plus ou moins gluante, généralement inodore.

Non seulement la glaire cervicale n'est pas sale, mais elle est essentielle à ta santé :

- Elle protège l'utérus : sans glaire cervicale, des bactéries toxiques pourraient remonter jusqu'à l'utérus. Si tu trouves qu'elles changent d'odeur et d'aspect, n'hésite pas à en parler à tes parents ou ton médecin.

- Elle facilite la reproduction des humain.e.s : la glaire devient abondante et liquide au moment de l'ovulation pour permettre aux spermatozoïdes de se frayer un chemin vers l'ovule !

Et si on arrêtait d'appeler « taches » la glaire cervicale ou les pertes blanches ! Ce sont de précieuses alliées de ta santé !

LE SAVAIS-TU ?

N'essaie pas de nettoyer l'intérieur de ton vagin avec des produits type savon : la glaire cervicale fait déjà le travail !

10 ans +

43 — EST-CE QUE J'AI BESOIN D'UN SOUTIEN-GORGE ?

L'arrivée de la puberté coïncide souvent avec l'achat des premiers soutiens-gorge chez les personnes qui ont de la poitrine. Pour autant, est-ce nécessaire ?

Si tu fais une activité physique ou sportive, mieux vaut porter un soutien-gorge ou une brassière adapté.e.s afin de préserver les fibres musculaires de ta poitrine.

En dehors de ce cas précis, libre à toi de faire ce que tu veux de ta poitrine !

MON CORPS, MES CHOIX !

44 — SI J'AI DES POILS, EST-CE QUE JE DOIS ME RASER ?

Est-ce que tu sais à quoi servent les poils ?

Les poils ont pour fonctions principales de :

- maintenir la température corporelle à 37 degrés ;
- protéger le corps des substances étrangères ;
- maintenir une hydratation correcte de la peau ;
- optimiser notre sens du toucher.

Alors, pourquoi souhaites-tu raser tes poils ? Est-ce parce que tu en as envie ? Ou est-ce parce que les critères actuels de « beauté » t'obligent à te débarrasser des poils sur certaines parties de ton corps ? Quelle que soit ta décision, rappelle-toi que...

C'EST TON CHOIX.

LE SAVAIS-TU ?

Personne n'a le droit de te dire quoi faire de tes poils ! Si une personne se permet une réflexion à ce sujet, dis-lui que c'est un manque de respect pour ta personne, et que tu attends des excuses !

10 ans +

45 C'EST NORMAL D'AVOIR AUTANT MAL AUX SEINS ?

Il y a des signaux annonciateurs du début de la puberté : tous les caractères sexuels secondaires (poils, acné, règles, poitrine...) ne débarquent pas en même temps ! Et d'une personne à l'autre, on ne retrouve pas les mêmes signaux.

Chez les personnes à utérus, il est fréquent que la puberté débute par la poitrine qui pousse. Cette croissance s'opère grâce aux œstrogènes qui sont des hormones sexuelles très puissantes. Une invasion d'œstrogènes, ça peut non seulement faire pousser la poitrine, mais aussi la rendre très sensible. Rien d'anormal à ce que tu ressentes une grande sensibilité aux seins.

Même si tu as un pénis, il est possible que tu aies la poitrine sensible : toi aussi, tu as des œstrogènes, ça n'est pas réservé aux personnes à utérus 😊

46 POURQUOI JE N'ARRIVE PAS À CONTRÔLER MA VOIX ?

Lors de la puberté, la voix évolue sous l'influence des hormones. En effet, avec la croissance, le larynx (organe situé au fond de la gorge) grandit et les cordes vocales (deux bandes de muscles situées au milieu du larynx, qui vibrent au passage de l'air, produisant ainsi les sons) s'allongent et s'épaississent.

La période durant laquelle les cordes vocales se modifient s'appelle la mue. Elle concerne toutes les personnes, quel que soit leur sexe/genre – même si elle est plus marquée chez les propriétaires de pénis, en raison de la forte influence de la testostérone sur le larynx.

Pendant la période de mue, la voix peut faire des « sauts » dans les aigus, ce qui peut donner cette impression de perdre le contrôle. Pas de panique ! Ces surprises ne dureront pas plus de quelques semaines/quelques mois tout au plus. Bientôt ta voix deviendra stable, et ces petits sauts ne seront qu'un lointain souvenir.

Si tu as la sensation d'être en difficulté en raison de ta voix, demande à ton parent ou un.e adulte de confiance de t'emmener consulter un.e orthophoniste.

47 FAUT-IL ATTENDRE D'AVOIR UNE VRAIE MOUSTACHE POUR SE RASER ?

Sous l'influence de la testostérone, des poils sont susceptibles de faire leur apparition sur ton visage - parfois en mode aléatoire ! Un début de duvet au-dessus des lèvres, des « pattes » sur le côté du visage, quelques poils au menton, sur les joues, dans le cou...

Toi seul peux décider ce que tu souhaites faire de tes poils :

TON CORPS, TES CHOIX !

Si tu souhaites te raser, ou tenter de donner un style personnel à ta pilosité, voici quelques conseils :

→ demande à une personne qui s'est déjà rasée de te montrer comme elle fait ;

→ lave-toi le visage, en rinçant abondamment avec de l'eau ;

→ prépare ta peau en appliquant du gel ou une mousse à raser ;

→ prends le temps de faire des essais avec un rasoir électrique ou manuel, pour choisir le mode de rasage avec lequel tu es le plus à l'aise ;

→ rince abondamment après le rasage, et applique une crème pour hydrater ta peau ;

→ Si tu te coupes : pas de panique, c'est déjà arrivé à tout le monde. Il existe des petits pansements discrets pour ça 😊

→ Mieux vaut privilégier un rasage le soir dans les premiers temps, pour laisser aux plaies potentielles le temps de cicatriser la nuit.

Warning : Si tu as de l'acné sur le visage, n'hésite pas à consulter un.e dermatologue, qui te donnera des conseils avisés pour te raser tout en prenant soin de ta peau.

48 C'EST NORMAL D'AVOIR TOUT LE TEMPS FAIM ?

La puberté coïncide le plus souvent avec un pic de croissance : en très peu de temps, les os et les muscles de ton corps vont s'allonger. Cette croissance peut d'ailleurs s'accompagner de douleurs (notamment dans le dos et les articulations), ainsi que… d'une grosse fringale !!

Pour fabriquer des os, du muscle, de la masse grasse (oui, le cerveau est principalement constitué de graisse), il te faut de l'énergie. Beaucoup d'énergie. Donc si, à certains moments, tu as l'impression d'être épuisé.e ou d'avoir faim comme si tu n'avais pas mangé depuis 3 jours : c'est « normal » !

Le plus important est d'essayer de trouver un équilibre dans cette tempête hormonale. Même si ça n'est pas simple, opter pour un rythme de sommeil sain (par exemple : aller se coucher tôt, éviter les écrans le soir), respecter des horaires de repas fixes (petit dejeuner, déjeuner, goûter, dîner), pratiquer une activité physique régulière (ça peut être de la marche) et choisir des aliments sains (réduire le sucre) peut t'aider à optimiser ton énergie !

CHAPITRE 4
L'estime de soi

Cher.s parent.s,

Vous êtes toujours là ?

Une question présente tout au long de la vie

Dans notre vie quotidienne, nous consacrons beaucoup de temps à travailler l'image que l'on renvoie aux autres : d'où l'énergie consacrée au choix de nos tenues, aux photos que l'on poste sur les réseaux sociaux, aux régimes alimentaires auxquels on se contraint... Les complexes n'ont pas d'âge, et parfois nous devenons parents avant d'avoir réussi à dépasser les nôtres !

Derrière ces préoccupations, il y a la peur du jugement, du rejet et surtout de ne pas être aimé.e. C'est pourquoi il est nécessaire de poser des bases solides pour la construction de l'estime de soi et de la confiance en soi.

Rassurez votre enfant

Dans ce chapitre, nous vous proposons de répondre aux questions qui peuvent surgir chez votre enfant à mesure qu'iel grandit et prend conscience des codes ou des modes véhiculés par son environnement scolaire, familial et socio-culturel (TV, médias, littérature...).

Pour l'aider à s'aimer et à prendre confiance en ellui, vous pouvez lui expliquer que la beauté comme le genre sont davantage des constructions sociales que biologiques. Selon les cultures, les époques, les modes, les standards de beauté diffèrent. Chaque personne a bel et bien sa place dans ce monde : le tout est de s'entourer de personnes qui nous acceptent tel.le que nous sommes.

Rassurez votre enfant comme peut-être vous aimeriez être rassuré.e : quel que soit son corps, son apparence, son physique, le plus important est sa beauté intérieure.

Prévenir le harcèlement

Il est possible de penser qu'il est trop tôt pour aborder ces questions avec votre enfant, aussi n'hésitez pas à sauter cette partie pour y revenir lorsque vous et votre enfant serez prêt.e.s !

En France, on estime qu'1 enfant sur 8 est victime de harcèlement à l'école primaire, dont 5 % de manière sévère à très sévère.* Il n'est pas toujours simple de prendre conscience qu'un.e enfant est victime de harcèlement, tant la honte et la culpabilité sont importantes.

En abordant ces questions dans ce chapitre, cela permettra à votre enfant s'iel est concerné.e (qu'iel exerce ou subisse ce harcèlement) ou s'iel est témoin de harcèlement, de libérer la parole.

Du bon usage des réseaux

La prévention du harcèlement doit inclure le cyberharcèlement, dont 20 %[**] des jeunes sont victimes en France. En effet, alors qu'à notre époque, nous étions « en sécurité » une fois rentré.e.s chez nous, les enfants et ados d'aujourd'hui sont constamment exposé.e.s du fait de l'usage des téléphones portables et des réseaux sociaux.

On estime que 58 %[***] des enfants de 11 et 12 ans ont au moins un compte sur les réseaux sociaux, alors que l'accès à ces plateformes est interdit aux moins de 13 ans en France.

Outre le cyberharcèlement, de nombreuses études indépendantes et internes (aux plateformes) convergent vers un même constat : l'usage des réseaux sociaux peut gravement nuire à la santé mentale des ados. Pour ne citer qu'un chiffre : 40 %[****] des filles de 10 à 15 ans utilisant régulièrement les réseaux sociaux présentaient des signes de mal-être, de dépression, des troubles du sommeil ainsi qu'une mauvaise image corporelle.

Les questions abordées dans le chapitre vous aideront à expliquer à votre enfant pourquoi il est nécessaire de fixer des règles d'usage des réseaux sociaux : pour le.la protéger !

De la diversité des corps

Notre génération de parents a largement souffert de n'avoir aucune représentation de la diversité des corps. Non seulement, les mannequins de notre jeunesse étaient tou.te.s blanc.he.s, minces, valides... mais beaucoup d'entre nous ont longtemps pensé être anormales.aux ou difformes à cause de seins asymétriques ou ombiliqués, d'un pénis de taille modeste ou courbé, de lèvres internes qui ressortent largement des lèvres externes, etc.

En expliquant à votre enfant (et en lui montrant des jolies galeries de vulves, pénis, seins) que la diversité des corps est infinie, vous lui donnez un super pouvoir :

Celui de se sentir à sa place, quel que soit son corps !

---

[*] Source : « À l'école des enfants heureux... enfin presque », enquête réalisée par l'Observatoire international de la violence à l'école pour l'Unicef France, mars 2011. [**] e-enfance.org (enquête menée avec a Caisse d'Épargne - octobre 2021). [***] asso-generationnumerique.fr (enquête février 2022). [****] Kelly et al 2018), *Social Media Use and Adolescent Mental Health: Findings From the UK Millennium Cohort Study.*

49 — ÇA VEUT DIRE QUOI « ÊTRE BEAU / BELLE » ?

La beauté a plusieurs définitions. Dans le *Dictionnaire Larousse Junior*, on trouve les définitions suivantes pour expliquer le mot beau/belle :

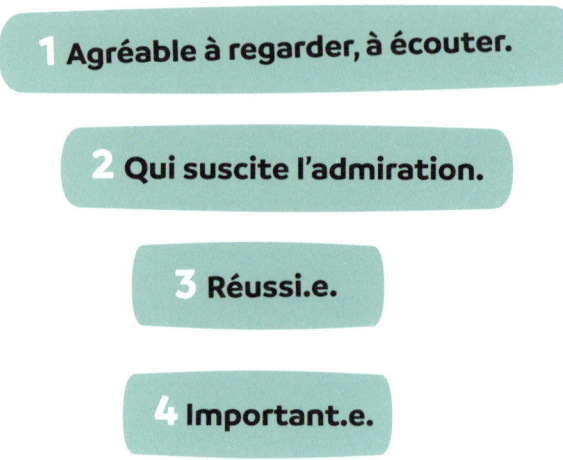

1. **Agréable à regarder, à écouter.**
2. **Qui suscite l'admiration.**
3. **Réussi.e.**
4. **Important.e.**

Le piège est de croire que la beauté est seulement l'apparence !

Chaque personne possède un corps et une personnalité uniques, qui la font rayonner. Il y a de la beauté dans toute personne qui se réalise à travers ses talents, ses passions et ses rêves.

Te réaliser et être à l'écoute des autres, essayer de faire le bien autour de toi (à l'école, avec tes ami.e.s, ta famille), c'est la beauté intérieure, celle qui fait que tu es une belle personne.

50 — COMMENT FAIRE POUR AVOIR CONFIANCE EN MOI ?

LE SAVAIS-TU ?

AHAHAHAHAHH ! Nan mais merci pour cette question ! C'est pas facile du tout d'avoir confiance en soi : même les adultes ont parfois du mal. Cela demande du temps et un peu de travail – comme une bonne recette de cuisine 😉

Voici les ingrédients dont tu as besoin :

1. Un miroir,
2. Ta chanson préférée,
3. Et beaucoup d'énergie.

Commence par te poser devant le miroir et fais un compliment à 5 parties de ton corps. Par exemple, tu peux dire à tes yeux que tu les trouves pétillants. Tu peux dire à tes pieds qu'ils courent vite, etc.

Puis trouve 3 qualités que tu apprécies chez toi (courage, gentillesse, politesse, don en sport, en musique ou dans un jeu, intelligence, bonne mémoire, talents artistiques, force, rapidité…).

Pour chacune de ces qualités, félicite-toi.

Maintenant, ça va secouer, tu es prêt.e ?

Lance ta musique préférée en sautillant devant le miroir – c'est important de s'échauffer 😄

Après une minute d'échauffement, danse comme si le monde extérieur n'existait plus : toutes les figures sont autorisées (sauf les acrobaties). Redresse la tête, lève le menton et les bras en faisant le signe de la victoire et en criant au choix :

Je suis unique.

Je vais tout déchirer.

J'essaie de faire de mon mieux.

Je m'aime car je suis une belle personne.

Je rends le monde meilleur chaque jour.

Je vais réaliser mes rêves.

J'ose demander de l'aide.

Je peux le faire.

Je suis utile.

Je suis capable de réaliser de grandes choses.

Je partage ma bonne humeur.

Je crois en moi.

Je n'ai pas peur d'oser.

Je suis fier.ère de moi.

Il y a toujours quelqu'un qui pense à moi et qui m'aime.

J'ai le droit d'être différent.e.

J'ai le droit de me tromper.

Ça y est, tu la sens venir, la confiance en toi ? 😊

Ne t'inquiète pas, ça demande du temps, et tu peux t'entraîner tous les jours si tu veux !

Rappelle-toi que la confiance, c'est d'abord dans TA tête : le regard des autres est un miroir de comment TU TE vois et à quel point TU crois en toi.

Si tu crois en toi et en ta beauté intérieure, les autres vont suivre !

LE SAVAIS-TU ?

Certaines personnes ne verront pas ta beauté intérieure – et tant pis pour elles. N'essaie pas de changer pour attirer leur attention : la vie est trop courte pour essayer de plaire à tout le monde ! Sois toi-même, c'est VRAIMENT le plus important !

51 EST-CE QUE LE VERNIS, LE MAQUILLAGE ET LE ROSE, C'EST RÉSERVÉ AUX FILLES ?

À ton avis, à ta naissance, avais-tu déjà des couleurs préférées ? Penses-tu que les filles naissent en préférant le rose, et que les garçons naissent en préférant le bleu ? 😊

Figure-toi que non : c'est notre société actuelle qui genre les couleurs, qui décide que telle couleur est pour une fille, telle couleur pour un garçon.

De même, les bébés ne naissent pas en voulant (ou non) porter des bijoux, du vernis, des jupes, ou du maquillage. C'est en grandissant qu'on nous « apprend » que ces accessoires sont genrés (on nous dit, par exemple, que c'est pour les filles).

LE SAVAIS-TU ?

À ton avis, est-ce que de tous temps, partout dans le monde, ces accessoires étaient portés par des filles ?

Pour répondre à cette question, je te propose un petit voyage dans le temps et l'espace.

À l'époque des pharaons en Égypte, ou sous le règne de Louis XIV en France, les hommes portaient du maquillage, des perruques, des tuniques (qui ressemblaient à des jupes) et des bijoux.

Encore aujourd'hui, dans de nombreux pays, les hommes portent des jupes ou des robes : en Écosse, en Inde, en Afrique, au Moyen-Orient… De même, le maquillage est utilisé dans de nombreuses cultures, sans distinction de genre.

Comme tu le vois, porter certains accessoires ou certaines tenues n'est pas le propre des « filles », ni d'aucun genre d'ailleurs.

Donc, quel que soit ton genre, ton choix de tenue est valide, du moment que tu te sens bien avec. Ton maquillage, ta coiffure, tes accessoires relèvent de ton choix et personne n'est en droit de remettre en question tes goûts.

TON CORPS, TES CHOIX !

Tu peux porter les accessoires et tenues qui te plaisent – tant que c'est OK pour ta sécurité et celle des autres (par exemple : à l'école, les colliers sont souvent interdits, pour éviter que les enfants ne s'étranglent).

52 — MES COPINES DISENT QUE JE SUIS UN GARÇON MANQUÉ, JE LEUR RÉPONDS QUOI ?

AHAHAH ! Tu peux leur répondre que tu es une fille (ou ce que tu veux d'ailleurs) réussie ! 🙂

Plus sérieusement, demande à tes amies ce qu'elles veulent dire par « garçon manqué » ?

Tu aimes grimper aux arbres, jouer au foot et à la console, chahuter avec les garçons et porter des baskets ? En quoi est-ce que cela fait de toi un « garçon » ?

Tes habits ou accessoires ne font pas de toi un garçon, une fille, ou tout autre genre qui existe. De même, ton comportement, tes loisirs, les sports et jeux que tu aimes, les personnes que tu fréquentes, les artistes que tu admires : rien de cela ne définit ton genre.

Le genre est avant tout une question de ressenti.

Si tu te ressens « fille » et que tu as décidé de sortir des cases « les filles doivent faire ci, les garçons doivent faire ça… », c'est un acte courageux, qui fait de toi une personne libre.

LE SAVAIS-TU ?

Peut-être que tes amies aimeraient être aussi libres que toi qui oses être qui TU ES sans te soucier de coller à l'image de la « petite fille modèle » que la société aimerait que tu sois !

53. POURQUOI DIT-ON QUE LES GARÇONS NE DOIVENT PAS PLEURER ?

Parce que s'ils pleurent, on va savoir qu'ils sont humains ? 😊

OUI, les larmes sont un moyen d'expression des humain.e.s. On pleure lorsque les émotions nous dépassent. En réaction, notre corps déborde. On peut pleurer de tristesse, de douleur, mais aussi de joie et de rire ! Les larmes permettent de faire passer ces émotions de l'intérieur à l'extérieur du corps, un peu comme lorsqu'on dit des mots.

En fait, pleurer, c'est dire des choses. Et MÊME les garçons ont des choses à dire !

Alors peut-être que les personnes qui pensent qu' « un garçon ne pleure pas » ont une autre idée en tête : si les garçons retiennent leurs larmes, c'est pour montrer qu'ils sont les plus forts, plus forts que les filles en tout cas !

Mais, à ton avis, qui est la personne la plus forte ? Celle qui assume courageusement ses émotions, ou celle qui n'ose pas les vivre pleinement ?

S'empêcher de pleurer n'est pas un acte de force. Donc non seulement les garçons ont le droit de pleurer, mais c'est très courageux de le faire. Et même que parfois, ça fait un bien fou.

MON GRAND FRÈRE A DES BOUTONS, EST-CE QUE ÇA VA PARTIR UN JOUR ?

Nan, évidemment : il va rester avec TOUTE sa vie !!!

C'est une blague !!!

Lors de la puberté, l'arrivée brutale des hormones sexuelles provoque souvent une poussée d'acné chez les ados. Pas d'inquiétude – on est d'accord, ressembler à une calculatrice ne fait rêver personne !

Si ces boutons te font mal, te démangent ou simplement gâchent ton quotidien, tu peux en parler à tes parents pour consulter un médecin, qui te proposera des solutions adaptées !

Patience, donc ! Ces boutons d'acné finissent souvent par disparaître avec le temps.

En adoptant un mode de vie sain (bien dormir, manger équilibré, faire de l'activité physique – également en extérieur –, éviter le stress), tu aides ton corps à s'équilibrer et ta peau s'en portera encore mieux !

55 EST-CE QU'IL FAUT ÊTRE MINCE POUR ÊTRE BEAU / BELLE ?

7-10 ans

Merci pour cette chouette question, qui est très importante ! Pour y répondre, je te propose un voyage à travers le monde et le temps 😊

À ton avis, quel était l'idéal de beauté au XVIIe siècle en Europe ?

Et au Xe siècle en Asie ? et au XXe siècle en Amérique ?

ASIE

EUROPE

AMÉRIQUE

C'est quoi la beauté ?

Comme tu peux le constater sur ces photos, les critères de beauté changent selon le lieu et l'époque.

Aujourd'hui, en Occident, la minceur est souvent présentée comme l'un des premiers critères de beauté. Cela fonctionne en mettant en avant (dans les défilés de mode, dans les magazines et les publicités, à la télé, dans les films et les séries), des personnes minces et en excluant les personnes grosses.

Cela pose de nombreux problèmes :

🔴 Cela ne correspond à aucune réalité ! En France, par exemple, 99 % des personnes adultes ne peuvent pas rentrer dans des vêtements en taille mannequin (taille 34). La morphologie d'une personne (maigre/moyenne/grosse) dépend de son héritage génétique (les gènes hérités de ses ancêtres), de son activité physique et de son alimentation. Même en optimisant son activité et son alimentation, on ne peut pas changer son héritage génétique ! Et presque personne n'a des gènes pour entrer dans la taille 34 !

🔴 Les personnes grosses se sentent souvent exclues. Notre société pratique la « grossophobie » : c'est ainsi que l'on nomme la peur ou encore le rejet des personnes grosses. La grossophobie est visible au quotidien, en ouvrant un magazine ou la télévision : les personnes grosses sont rarement représentées. Elles sont incomprises et méprisées par une société qui leur reproche d'être malades, de ne faire aucun effort, ou encore de ne pas être minces !

En réalité, c'est notre société qui est malade, pas ces personnes !

🔴 Beaucoup d'ados et d'adultes surveillent leur poids et leur alimentation pour atteindre une minceur idéalisée. Cette attitude peut être dangereuse, surtout quand cette surveillance tourne à l'obsession. Si manger devient une angoisse pour toi, parles-en rapidement à un médecin ou un.e adulte référent.e.

Pour un petit rappel, rdv question 49 !

Donc, NON : il ne faut pas être mince pour être beau/belle.

Rappelle-toi la question 49 : la beauté, c'est se réaliser, rayonner et être à l'écoute de soi et des autres,

CE N'EST PAS UN NOMBRE SUR UNE BALANCE !

56 — J'AI DU MAL À TROUVER MA PLACE À L'ÉCOLE, AVEC MES CAMARADES.

Aujourd'hui, beaucoup de personnes (même jeunes, ça commence à l'école) ont un esprit de compétition : être le meilleur, la plus populaire, le plus fort, la plus drôle, le plus stylé, la plus riche, le plus « grande gueule ». Et évidemment le plus beau / la plus belle – selon des critères discutables.

On peut facilement se sentir exclu.e de cette compétition, et même rejeté.e.

En effet, la moindre différence est souvent montrée du doigt (timidité, différence physique, maladie ou handicap, situation familiale atypique, identité de genre minoritaire, origine sociale ou ethnique…) et même moquée. Cela isole les personnes concernées du reste du groupe.

Si tu as du mal à trouver ta place, c'est parce que tu es unique – c'est aussi **TON SUPER POUVOIR** !

Regarde autour de toi, tu verras d'autres personnes qui ne peuvent pas ou n'ont pas envie de rentrer dans le moule. Ensemble, vous pouvez vous épanouir !

57 — POURQUOI ON M'EMBÊTE À L'ÉCOLE ?

Il y a une différence entre le `rejet` et le `harcèlement`.

✓ Le rejet, c'est être exclu.e d'un groupe.

✓ Le harcèlement, c'est lorsqu'une violence (morale, verbale ou physique) vise de façon répétée dans le temps une même personne.

Quelques exemples de harcèlement :

- Des `insultes` ou des actes/propos humiliants.
- Des coups, des crachats, des `bousculades`.
- Des `menaces` ou du chantage.
- Des `vols` réguliers d'affaires (fournitures scolaires, vêtements…).
- Des informations ou des images qui circulent, `sans l'autorisation` de la personne.
- Une `mise à l'écart` systématique du groupe.

Si tu es victime de harcèlement :

🔴 Il n'y a aucune honte à avoir : ce qui se passe n'est pas de ta faute, ce sont les personnes qui te harcèlent qui devraient avoir honte !

🔴 Ne laisse pas la situation s'installer dans le temps !

🔴 Confie-toi à des adultes de confiance : tes parents, tes professeur.e.s, un.e ami.e, une personne de la famille ou du voisinage !

🔴 N'aie pas peur des représailles : tu as le droit d'être protégé.e de toute forme de violence. Le rôle de la loi est de garantir ta sécurité. Donc si les faits sont graves, il est possible de porter plainte contre les personnes qui te harcèlent !

Si tu es témoin d'une situation de harcèlement :

🔴 Soutiens la personne qui se fait harceler : les personnes harcelées sont souvent exclues du groupe. Ne participe pas à cette exclusion et rapproche-toi de cette personne !

● Ne rigole pas lorsqu'une personne est victime d'humiliations, d'insultes ou de coups. Si tu restes en rigolant (par peur de te faire exclure du groupe), tu participes aussi au harcèlement.

● Ne participe pas non plus au harcèlement en faisant tourner des informations ou des images humiliantes concernant une personne.

● Confie les faits dont tu es témoin à des adultes de confiance.

● Si tu connais les personnes qui harcèlent, va leur parler et fais-leur comprendre que ce qu'iels font est une violence, et que cela doit cesser immédiatement !

Enfin, il existe un numéro spécial et gratuit que tu peux appeler, si tu es victime ou témoin de harcèlement :

3020

Le harcèlement peut avoir lieu dans la vie réelle (à l'école, par exemple) comme sur les réseaux sociaux ou les téléphones.

Si c'est le cas, un autre numéro gratuit existe aussi :

3018

58 — TOUS LES ÉLÈVES DE MA CLASSE ONT UN COMPTE SNAP OU TIKTOK, POURQUOI JE N'AI PAS LE DROIT ?

C'est compréhensible : si tes camarades sont sur les réseaux sociaux et pas toi, il est possible que tu aies l'impression de passer à côté de certaines informations, événements ou discussions. Pour autant, il y a de bonnes raisons d'attendre un peu avant de t'y aventurer !

La première raison est légale : en France, la loi interdit aux personnes mineures de moins de 13 ans d'avoir un compte sur les réseaux comme TikTok, Snapshat, Instagram, Facebook, Whatsapp… À 13 et 14 ans, on peut créer un compte, à condition d'être accompagné.e par un.e adulte. Ce n'est qu'à partir de 15 ans qu'on peut évoluer seul.e sur sur les réseaux.

Ces âges n'ont pas été choisis par hasard : les médecins et expert.e.s de l'enfance estiment qu'avant l'âge de 13 ans, il y a un risque réel pour les enfants à évoluer sur les réseaux. En effet, on peut être exposé.e à du contenu violent, choquant, voire traumatisant. Avant l'âge de 13 ans, mieux vaut donc **parler aux gens dans la « vraie vie »**, lire des livres et se construire un esprit critique… qui te sera très utile le jour où tu arriveras sur les réseaux 😊

LE SAVAIS-TU ?

Certain.e.s ados passent plus de temps à raconter leur vie sur les réseaux… qu'à la vivre ! Comme une compétition à qui aura les meilleures photos, vidéos et histoires – sachant qu'un beau récit ne signifie pas qu'on a une belle vie 😊

Et si on se concentrait sur la seule personne qui peut valider que tu es une personne formidable : toi-même !

59 — UNE PERSONNE M'INSULTE RÉGULIÈREMENT SUR LES RÉSEAUX SOCIAUX, QUE PUIS-JE FAIRE ?

Si une personne diffuse sur Internet/les réseaux des insultes contre toi, des informations ou des rumeurs te concernant, des photos ou vidéos de toi, sans ton consentement et dans le but de t'humilier, se moquer de toi ou te faire du mal : cela s'appelle du cyberharcèlement.

C'est un délit, et comme tu es une personne mineure, la personne qui fait cela court le risque d'aller en prison et de payer une très grosse amende.

Comme pour le harcèlement, tu n'as pas à avoir honte de la situation :

- Ne réponds pas aux commentaires, aux insultes, aux messages blessants.

- Conserve les preuves (fais des captures d'écran avec ton téléphone).

- Déconnecte-toi de tous tes comptes !

- Va rapidement chercher de l'aide auprès de personnes de confiance (tes parents, professeurs, etc.).

En France, un numéro de téléphone gratuit a été mis en place pour les enfants victimes ou témoins d'une situation de cyberharcèlement : **3018**. Tu peux appeler à tout moment pour parler à des personnes qui t'écouteront et t'accompagneront pour mettre fin à la situation.

Enfin, voici quelques conseils pour t'aider à débuter sur les réseaux sociaux en te protégeant : sois respectueux.se dans toutes les situations, n'accepte jamais des inconnu.e.s comme followers, vérifie les contenus que tu partages, respecte la vie privée des autres, garde tes données privées (n'affiche jamais ton adresse/téléphone…), ne clique jamais sur un lien « bizarre », informe tout de suite tes parents ou une personne de confiance si un.e adulte te contacte, change régulièrement ton mot de passe – et garde-le pour toi !

POURQUOI MON SEIN GAUCHE EST PLUS GROS QUE MON SEIN DROIT ?

As-tu déjà remarqué qu'un de tes pieds est plus grand que l'autre ?

De même qu'il est fort probable qu'une de tes jambes est légèrement plus courte que l'autre !

Pourquoi ? Parce que notre corps n'est pas symétrique !

Pour les seins, les testicules, les lèvres internes et externes : c'est pareil !

Donc pas d'inquiétude, tu es « normal.e »

LE SAVAIS-TU ?

Sais-tu qu'il y a une infinité de formes de seins dans la nature : il est probable que tes seins n'ont pas la même forme que ceux de tes camarades !

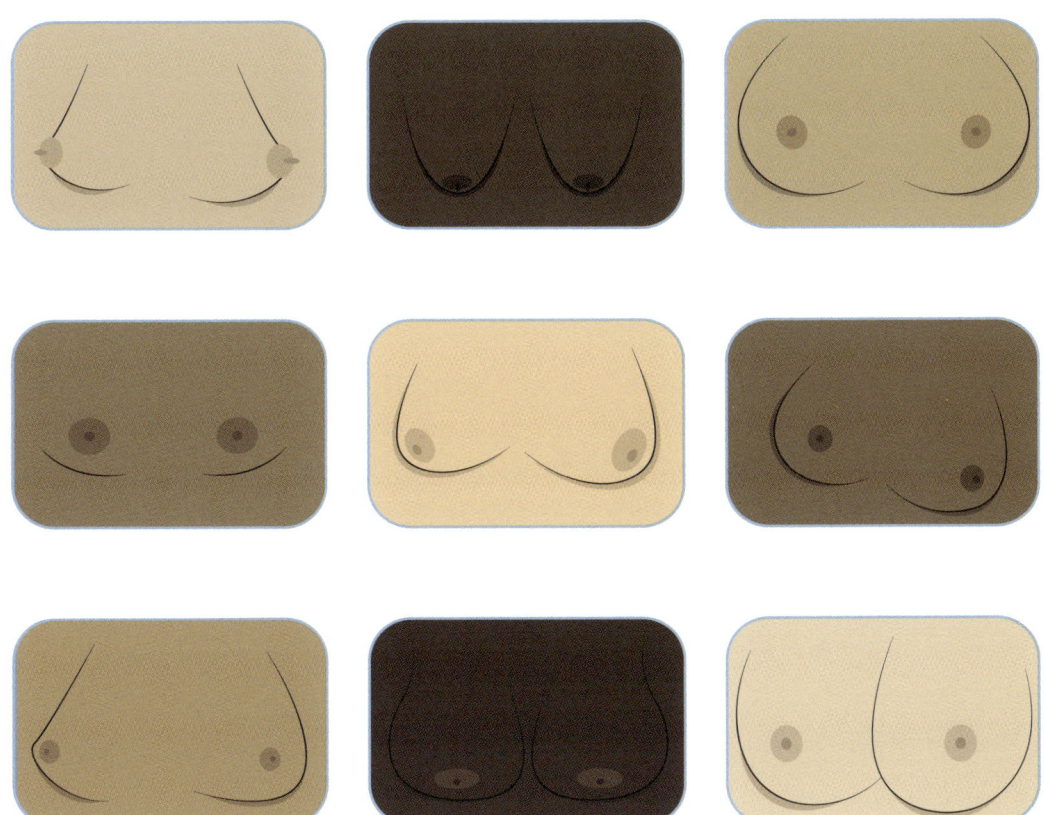

10 ans +

61 — POURQUOI MES CAMARADES ONT UN PLUS GROS PÉNIS QUE MOI ?

Merci pour cette question, que peu de personnes osent poser !

Se comparer à ses camarades est naturel, on le fait pour beaucoup de choses : qui court le plus vite, qui saute le plus haut ?

Donc si tu observes une différence de taille de ton pénis, il est normal que tu te poses cette question.

D'abord, le pénis se développe jusqu'à la fin de ta croissance (jusqu'à tes 18 ans à peu près !). Donc inutile de t'inquiéter avant que ton pénis atteigne sa taille définitive 😊

Ensuite, il y a plusieurs choses à savoir sur le pénis !

● Il existe des pénis de chair et des pénis de sang. Les pénis de chair ont sensiblement la même longueur et épaisseur au repos et en érection.

À l'inverse, les pénis de sang – qui semblent plus petits au repos – vont se remplir de sang pendant l'érection et ainsi gagner significativement en longueur et en épaisseur ! Donc si tu as un pénis de sang, inutile de comparer ta taille au repos avec des personnes qui ont un pénis de chair 😊

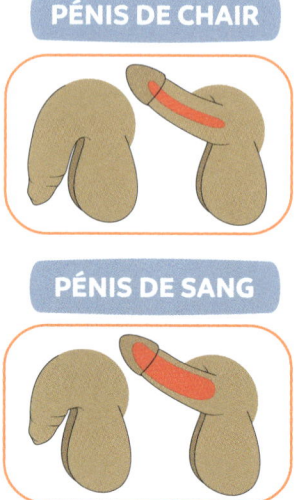

PÉNIS DE CHAIR

PÉNIS DE SANG

● Au moment de l'érection, les pénis font presque tous la même taille (entre 12 et 18 cm).

● La taille du pénis en érection a peu d'impact sur le plaisir que l'on prend et que l'on donne.

Par ailleurs, comme pour les seins : il y a une multitude de formes de pénis dans la nature !

Donc sois en paix avec ton pénis – *il a sa place dans ce monde* 😊

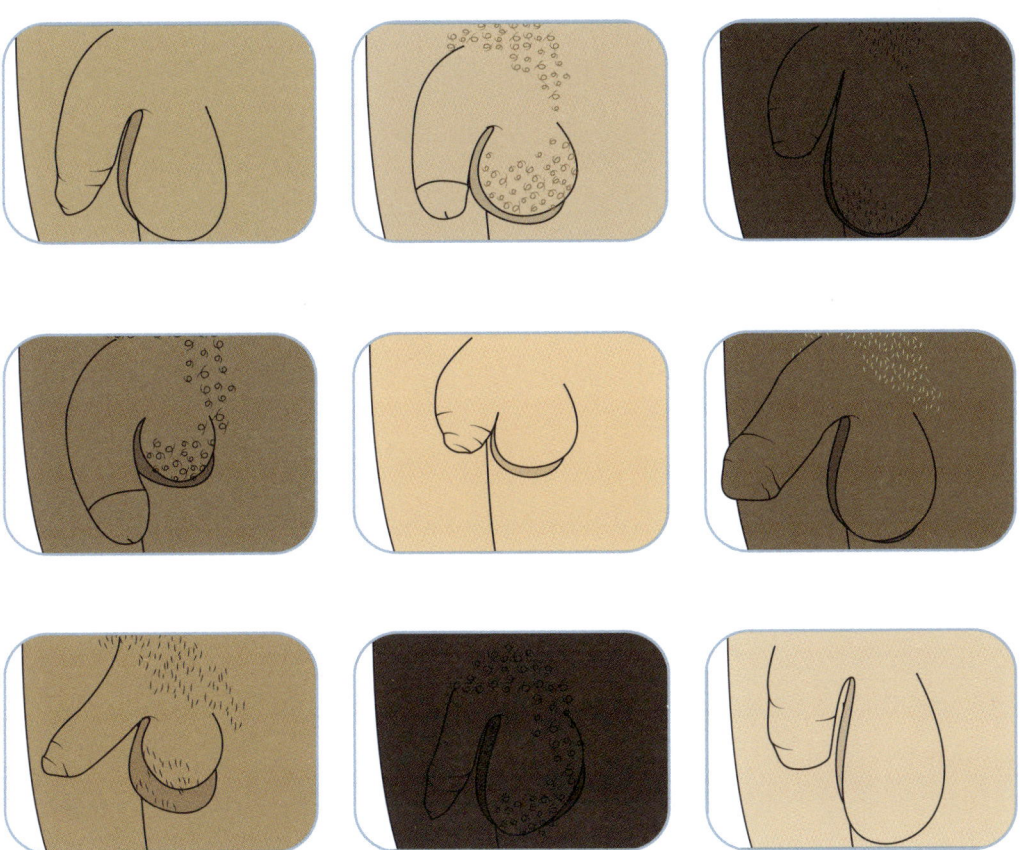

62 — MES LÈVRES RESSORTENT, QU'EST-CE QUE JE DOIS FAIRE ?

Les lèvres internes – qui se développent au moment de la puberté – ont pour objectif principal de protéger le vagin et l'urètre des bactéries extérieures. Elles sont assistées dans leur mission par les poils pubiens, qui constituent une barrière efficace contre les germes et infections.

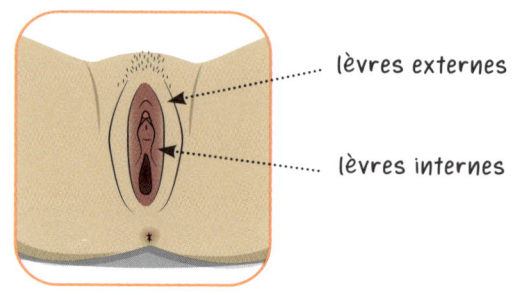

lèvres externes

lèvres internes

Non seulement la taille des lèvres internes varie d'une personne à l'autre, mais elles sont rarement symétriques (comme tes seins, tes mains, tes pieds…). En outre, elles dépassent souvent des lèvres externes – elles prennent à cœur leur mission de protection, et c'est tant mieux !

LE SAVAIS-TU ?

Essayons de ne plus parler de « petites » et « grandes lèvres », mais de lèvres internes et externes. En effet, chez beaucoup de personnes, les lèvres internes sont plus grandes que les lèvres externes. Pas de complexe à avoir !

Même mission pour les lèvres externes (protéger le vagin, l'urètre et le clitoris), même asymétrie et même diversité anatomique !

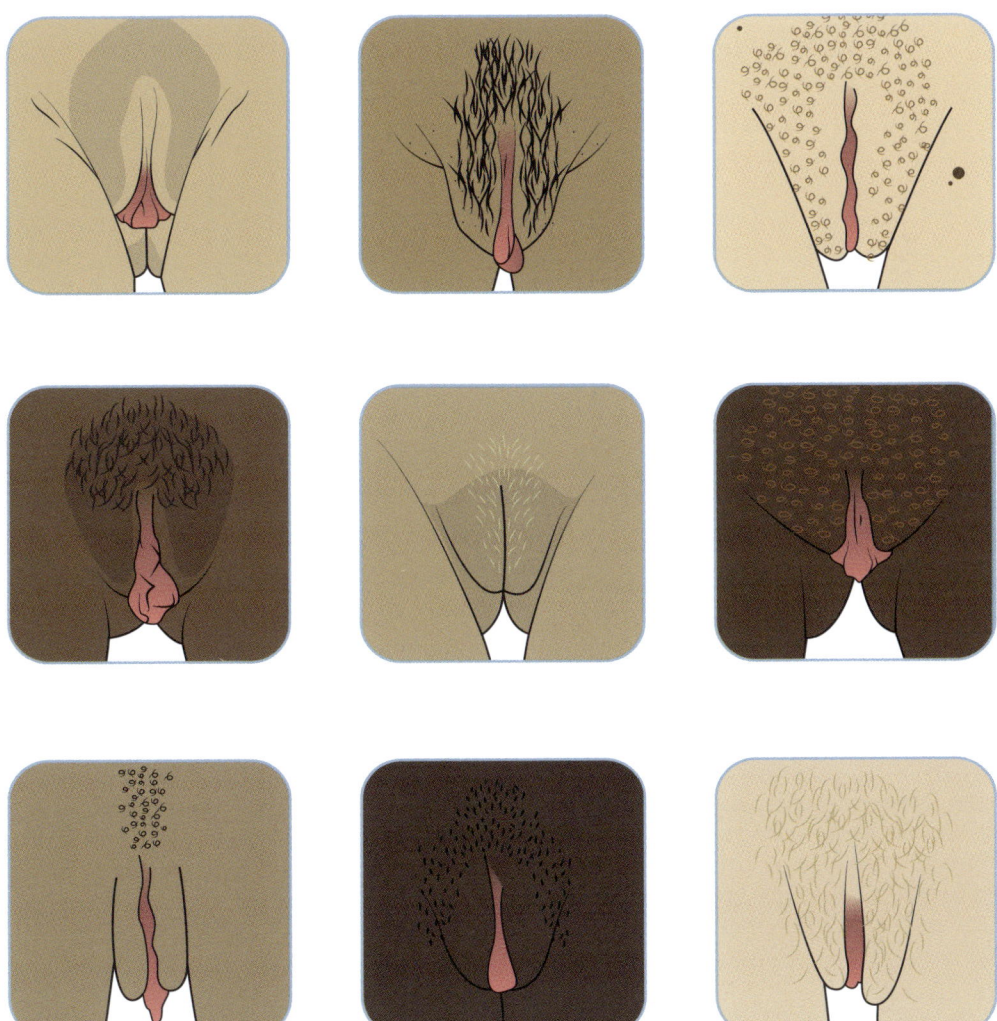

CHAPITRE 5
Les premiers émois

Cher.s parent.s,

Relation à soi, relation à l'autre

Jusqu'à présent, nous nous sommes concentré.e.s sur les questions de l'enfant dans sa relation à lui-même ou elle-même : son corps, son intimité, sa puberté, son estime de soi.

À partir de ce chapitre, nous allons nous intéresser à l'enfant dans sa relation à l'autre : à mesure que l'enfant grandit, le développement de ses capacités cognitives le ou la rendent de plus en plus sensible aux interactions sociales : l'amitié, la camaraderie, les relations de voisinage... Et puis l'amour 😊

AHHHHH l'amour !

Même nous, adultes, avons parfois du mal à définir ce qu'est l'amour et les différentes formes que cet amour peut prendre. Alors comment l'expliquer à notre enfant – sans y mettre trop de nos propres projections, représentations, peurs, rêves... ?

C'est le défi que nous nous lançons sur ce chapitre ! (j'espère qu'il vous plaira !)

Respecter l'intimité de votre enfant

Par ailleurs, pour ce chapitre (comme pour tous les chapitres), il est important de respecter l'intimité de votre enfant et de ne pas projeter sur lui/elle des questionnements d'adultes du style « C'est qui ton amoureux.se ? Est-ce que vous vous faites des bisous ? »

En revanche, votre enfant sera peut-être enthousiaste d'avoir des réponses aux questions qui le taraudent : comment sait-on qu'on est amoureux.se ? Comment l'exprimer ? Comment savoir si une personne nous aime ? Peut-on aimer qui on veut ?...

Ce chapitre a donc pour vocation de vous donner des clefs pour accompagner votre enfant dans son parcours sentimental et émotionnel, en respectant son intimité et en préservant votre intimité de parents.

Contrairement à l'anatomie, qui est une science plutôt objective, il n'est pas impossible qu'un poil de subjectivité se glisse dans les lignes qui suivent. ☺

Le dico de l'amour

À la fin de ce chapitre, vous trouverez un petit dico de l'amour : aucune urgence à lire ces lignes avec votre enfant (ou sans !). Le plus important est de savoir que ce petit dico est à votre disposition, quand vous et votre enfant serez prêt.e.s.

Si vous avez l'impression que ce dico crée « des cases », dites-vous plutôt que nommer les choses leur permet d'exister – et que votre enfant sera peut-être soulagé.e de savoir que ses sentiments sont légitimes et valides.

N'ayez pas peur : faites-vous confiance, à vous et votre enfant.

Vous allez voir, tout va bien se passer !

63 — DIS, C'EST QUOI L'AMOUR ?

S'aimer soi-même est un SUPER POUVOIR !

L'amour est un sentiment très fort. Donner ou recevoir de l'amour, c'est une des émotions les plus agréables que l'on peut vivre.

D'abord, il y a l'amour qu'on se donne à soi-même. Comme expliqué à la question 49, nous sommes tou.te.s de belles personnes qui méritent d'être aimées.

Ensuite, il y a l'amour qui nous lie aux autres : celui que l'on donne aux autres et que les autres nous donnent. Il existe de nombreuses formes d'amour, par exemple :

- **L'amour** qui te lie à tes parents ou ta famille (grands-parents, fratrie, cousin.e.s), qu'on appelle **l'amour familial,**

- **L'amour** qui te lie à tes ami.e.s ou camarades de classe – qu'on appelle **l'amitié,**

- **L'amour** qui te lie à ton animal de compagnie – qu'on appelle **l'affection,**

- **L'amour** qui te lie à tes doudous, tes peluches – qu'on appelle **l'attachement.**

En vrai, il existe autant de formes d'amour qu'il y a de personnes (ou d'êtres) qui comptent pour toi et pour qui tu comptes. Et aussi, il arrive qu'une amitié disparaisse pour laisser place à une autre amitié, et c'est normal.

Et puis, il y a être amoureux.se 😊 Ça, c'est un peu différent de l'amour en général. Je te l'explique dans la question suivante.

64 — COMMENT ON SAIT QU'ON EST AMOUREUX OU AMOUREUSE ?

On dit qu'on est **amoureux.se** lorsqu'on est attiré.e par une personne et qu'on a beaucoup de plaisir à la voir.

Ce n'est pas toujours simple de faire la différence entre être amoureux.se et les autres formes d'amour (amitié, affection, attachement). En plus, chaque personne a une manière très personnelle de vivre une situation amoureuse. Certaines personnes sont très démonstratives, d'autres sont timides ou pudiques.

Alors on t'a préparé un petit test pour t'aider à y voir plus clair dans tes sentiments :

- [ ] As-tu des papillons dans le ventre quand tu penses à cette personne ?
- [ ] Quand cette personne n'est pas là, est-ce qu'elle te manque ?
- [ ] Aimes-tu préparer des petits cadeaux ou des petits mots pour cette personne ?
- [ ] As-tu tout le temps envie de parler à cette personne ?
- [ ] As-tu envie de dire « Je t'aime » à cette personne ?
- [ ] Aimerais-tu que cette personne te tienne la main ou te prenne dans ses bras ?
- [ ] Quand cette personne discute avec quelqu'un d'autre, éprouves-tu de la jalousie ?
- [ ] Aimerais-tu partir en vacances avec cette personne ?
- [ ] Quand tu te disputes avec cette personne, es-tu triste ?
- [ ] Si quelqu'un attaque cette personne, te précipites-tu pour la défendre ?

Si tu as répondu 10 OUI :

Il est probable que tu sois amoureux.se de cette personne.

Si tu as répondu entre 5 et 9 OUI :

Cette personne est très importante dans ta vie. Il est possible que tu sois amoureux.se, mais cela peut aussi être de l'amitié.

Si tu as répondu moins de 5 OUI :

Il est peu probable que tu sois amoureux.se de cette personne.

Prudence, il marche pas à tous les coups, mon test ! 😊

65 COMMENT MONTRER À MON AMOUREUX.SE QUE JE L'AIME ?

Pour exprimer à une personne qu'on est amoureux.se, le plus simple est de lui dire ou de lui écrire – si c'est plus facile pour toi.

Il existe en réalité plein de manières de montrer son amour pour une personne : partager son goûter avec cette personne, l'inviter à jouer à la maison, lui offrir des cadeaux, lui écrire des poèmes... Mais ces actes d'amour peuvent être confondus avec de l'amitié : rien n'est aussi clair qu'une déclaration d'amour.

Le plus important dans l'amour en général et dans le sentiment amoureux, c'est de toujours se respecter et de respecter l'autre personne.

Se respecter, cela veut dire qu'il ne faut pas faire des choses pour faire plaisir à l'autre alors qu'on n'en a pas envie. La première personne à respecter, c'est soi-même.

Ensuite, il faut respecter l'autre personne. Cela signifie qu'on est libre d'exprimer son sentiment amoureux à l'autre personne à condition de respecter son intimité, et de ne rien faire qui puisse la blesser.

66 — COMMENT ON SAIT SI L'AUTRE NOUS AIME ?

Si tu as déclaré ton amour à une personne (par oral ou par écrit), attends sa réponse. Parfois, on a besoin d'un temps de réflexion pour faire le point sur ses sentiments. L'amour, ça n'est pas toujours un coup de foudre. On peut devenir amoureux.se d'une personne alors qu'on la connaît depuis longtemps et qu'on n'était pas amoureux.se avant.

Il y a 3 possibilités :

> La personne **ne partage pas** tes sentiments.

Dans ce cas, tu vas sans doute être triste et avoir le cœur brisé. Cela s'appelle un chagrin d'amour.

> La personne **ne sait pas** si elle est amoureuse de toi.

Dans ce cas, propose-lui de prendre du temps pour réfléchir. En amour, il n'y a pas d'urgence.

> La personne **est amoureuse** de toi également.

Dans ce cas, il vous appartient d'inventer la relation d'amour qui vous convient.

Évidemment, ces conseils s'appliquent également si une personne te fait une déclaration d'amour. Toi aussi, tu peux lui exprimer que tu ne partages pas ses sentiments (et causer un chagrin d'amour), tout comme tu peux demander un temps de réflexion, ou répondre que cet amour est partagé !

67 ÇA DURE COMBIEN DE TEMPS L'AMOUR ?

En vérité, personne ne sait combien de temps dure l'amour.

Demande aux personnes qui t'entourent depuis combien de temps elles s'aiment. Tu verras que parfois l'amour dure, parfois non. Pour que l'amour entre deux personnes reste vivant, il faut l'entretenir – un peu comme un feu de cheminée : si tu mets du bois régulièrement, tu auras de jolies flammes et il ne s'éteindra pas.

En amour, les morceaux de bois qu'on utilise sont appelés « des actes d'amour* ». Ce sont des manières d'exprimer son amour à l'autre :

🔴 Des paroles valorisantes
Par exemple : « Qu'est-ce que j'aime être avec toi. Quel bonheur de te connaître. Je suis tellement fier.ère de toi. »

🔴 Les moments de qualité
Par exemple : prendre du temps ensemble pour parler (de vive voix ou par téléphone), faire des activités ensemble (cuisiner, jouer, faire du sport), rencontrer d'autres ami.e.s ensemble...

🔴 Les cadeaux
Pas besoin de dévaliser les magasins 😊
Un joli coquillage, une fleur séchée, une création artistique ou poétique, touchera autant si ce n'est plus, car tu auras passé du temps à concocter ton cadeau !

🔴 Rendre service
Tu peux proposer à la personne que tu aimes de l'accompagner quelque part, de lui préparer son goûter, de l'aider à faire ses devoirs ou lui préparer une surprise d'anniversaire...

🔴 Les gestes de tendresse et d'affection
Dans le respect de l'intimité et du consentement de chaque personne, les gestes de tendresse (tenir la main, prendre dans les bras) permettent aussi d'exprimer son envie de se connecter à l'autre et de le.la protéger.

---

* Gary Chapman, *Les 5 langages de l'amour*, éd. Farel.

Il est aussi possible que, malgré tous ces actes d'amour, l'amour s'arrête – comme un feu s'éteint. C'est souvent un moment triste, et si tu en ressens le besoin, n'hésite pas à en parler à ta famille ou tes ami.e.s. Un chagrin d'amour ne dure pas toute une vie : d'autres histoires d'amour t'attendent 🙂

68 EST-CE QU'ON EST OBLIGÉ.E.S D'AVOIR UN AMOUREUX OU UNE AMOUREUSE ?

Tu as parfaitement le droit de ne pas avoir d'amoureux ou d'amoureuse – et être heureux.se ainsi.

Les contes de fées et les dessins animés montrent souvent des personnages qui recherchent l'Amour et leur prince.sse charmant.e. Toutes ces histoires romantiques nous font croire que la clef du bonheur est dans l'Amour et qu'il faut être en couple pour le trouver !

C'est loin d'être vrai pour tout le monde : chaque personne trouve son bonheur différemment. Tu peux vivre heureux.se sans amoureux.se, juste avec toi-même, des ami.e.s, des animaux ou des paysages qui te font du bien !

LE SAVAIS-TU ?

Tu as aussi le droit d'avoir un amoureux ou une amoureuse et de ne pas vouloir en parler.

69. EST-CE QU'ON PEUT AIMER PLUSIEURS PERSONNES À LA FOIS ?

De même qu'on n'est pas obligé.e.s d'avoir un.e amoureux.se, on peut avoir des sentiments amoureux pour plusieurs personnes en même temps. Parfois l'amour est partagé, parfois ça n'est pas le cas.

70 POURQUOI MON AMOUREUX.SE NE VEUT PAS QUE J'AIE UN.E AUTRE AMOUREUX.SE ?

Parfois, quand on est amoureux.se d'une personne, on a envie de garder cette personne juste pour soi. En fait, on a peur que notre amoureux.se s'intéresse à d'autres êtres humains et nous abandonne. Cette peur de perdre l'être aimé s'appelle la **jalousie**.

Si ton amoureux.se ne veut pas que tu aies d'autres amoureux.ses, il est probable qu'iel soit jaloux.se.

La jalousie est un sentiment qui se vit aussi en dehors de l'amour : on peut être jaloux.se en amitié (par exemple, quand un.e ami.e joue souvent avec une autre personne), ou en famille (par exemple, quand un.e cousin.e reçoit un beau jouet qu'on aurait aimé avoir).

En amour, la jalousie est une émotion compliquée.

Si tu aimes plusieurs personnes et qu'une de ces personnes éprouve de la jalousie, essaie de discuter avec elle. Rassure-la sur tes sentiments et l'amour que tu lui portes.

C'est toujours aussi compliqué, l'amour ?

Si cela ne suffit pas, il est possible que tu doives choisir entre aimer uniquement cette personne, ou bien renoncer à cet amour-là pour en vivre d'autres.

71 — **C'EST POSSIBLE QUE PERSONNE NE M'AIME POUR QUI JE SUIS ?**

Rappelle-toi que tu es unique ! Ta personnalité, tes qualités, ton histoire : tout cela fait de toi une personne différente des autres. Parfois, on a l'impression d'être en décalage, et qu'on est seul.e à ne pas avoir d'amoureux.se.

En réalité, **chaque personne évolue à son rythme**. En grandissant, tu rencontreras de plus en plus de personnes qui te ressemblent, avec qui tu partages des passions et des centres d'intérêt. Tu vivras de magnifiques relations amicales, affectives ou amoureuses. Alors pas de panique : tu es une personne merveilleuse, et tu as toute la vie devant toi pour rencontrer d'autres merveilleuses personnes qui t'aimeront pour qui tu es 😊

72 — **EST-CE QU'ON PEUT AIMER LES GARÇONS ET LES FILLES ?**

Tu as le droit d'aimer une personne – quel que soit son genre !
Tu as même le droit d'aimer des personnes de genres différents.

Donc OUI : tu peux aimer les garçons, les filles, les personnes non-binaires...

OUH LA LA ! Je t'aide à y voir plus clair ? Tourne la page →

7-10 ans

73 — PETIT DICO DE L'AMOUR

Ça n'est pas toujours facile de définir les différentes formes d'amour – en plus, on n'a pas forcément envie de rentrer dans des cases. Mais certains mots peuvent aider à mieux se comprendre et à mieux comprendre les autres.

Aromantique : Personne qui ne connaît pas le sentiment amoureux et qui ne ressent pas le besoin de développer des liens de nature sentimentale.

Asexuel.le : Personne qui n'a pas ou peu d'attirance sexuelle, mais cela ne l'empêche pas d'avoir des sentiments ou de la tendresse.

Bisexuel.le : Personne attirée par une personne du même genre qu'elle et par un ou plusieurs autres genres que le sien.

Gay : Mot d'origine américaine qui désigne les hommes attirés par d'autres hommes. Ce mot est parfois utilisé pour désigner les femmes homosexuelles.

Hétérosexuel.le : Personne attirée par des personnes du genre dit opposé.

Homosexuel.le : Personne attirée par des personnes du même genre.

Lesbienne : Femme attirée par d'autres femmes.

*Pour plus d'infos sur les personnes transgenres, rdv à la question 12
**Pour plus d'infos sur les personnes intersexes, rdv à la question 11

LGBTQIA+ : Acronyme – c'est-à dire sigle qui devient un mot – qui signifie Lesbiennes, Gays, Bisexuel.les, Transgenres*, Queers, Intersexes**, (le A, selon les associations ou la communauté, peut représenter les personnes asexuelles, aromantiques, agenres). Certaines personnes utilisent l'acronyme LGBT tout court, d'autres, LGBTQ+.

Panromantique : Personne qui peut développer des sentiments pour tout être humain, quel que soit son genre.

Pansexuel.le : Personne attirée par tout être humain, quel que soit son genre.

Polyamoureux.se : Personne ayant des sentiments amoureux pour plusieurs personnes en même temps.

LE SAVAIS-TU ?

Certains individus jugent la vie amoureuse et sexuelle des personnes qui ne sont pas hétérosexuelles et utilisent des insultes homophobes comme : « PD », « enculé », « gouine », « tapette » (par exemple).

Insulter ou menacer les personnes non hétérosexuelles s'appelle « l'homophobie ». C'est un délit : cela signifie que ces actes sont punis par la loi.

Rappelle-toi que ton orientation sexuelle, quelle qu'elle soit, est toujours VALIDE et LÉGITIME.
Tu as le droit d'aimer et d'être attiré.e par qui tu veux.

74 — COMMENT TU AS CHOISI TON AMOUREUX.SE ?

En amour, il n'y a pas de règles : je n'ai pas choisi mon amoureux.se parce qu'iel remplissait des cases. Je l'ai choisi.e car c'était la bonne personne pour moi. Ça veut dire que lorsque je suis avec lui/elle, je me sens mieux et je suis une meilleure personne.

75 — EST-CE QUE QUAND ON EST AMOUREUX.SES, ON DOIT SE MARIER ?

Quand deux personnes s'aiment, elles peuvent décider de former un couple. C'est une manière de dire au monde : « Ceci est mon amoureux.se et nous partageons un lien unique. »

Chez les adultes, ce lien unique peut prendre différentes formes :

- Habiter ensemble ;
- Se marier ou se PACSer* ;
- Créer une famille (avoir des enfants, par exemple) ;
- Adopter ensemble un animal ;

---

* PACS signifie Pacte civil de solidarité – c'est une union civile entre deux personnes.

● Réaliser un projet personnel (exemple : faire un tour du monde) ou professionnel (ouvrir un restaurant) ensemble, etc.

Donc même lorsqu'on trouve la « bonne » personne pour soi, aucune obligation de se marier. Chaque couple choisit la manière de vivre et de s'engager qui lui convient. Personne en dehors du couple ne peut porter de jugement sur ce choix.

Le plus important, c'est qu'au sein du couple, les deux personnes puissent s'exprimer librement et se mettre d'accord sur les éléments essentiels de leur vie à deux.

76 — POURQUOI LES AUTRES SONT EN COUPLE, ET PAS MOI ?

Merci pour cette question qui illustre bien la pression qu'on ressent à faire comme les autres ! Comme si avoir un.e amoureux.se nous validait comme une personne « cool » ou digne d'amour. Comme s'il existait une forme de compétition à être en couple.

Cela est dû à des idées reçues, qui peuvent se résumer ainsi :

- Les relations amoureuses sont supérieures à toutes les autres.
- Le bonheur ne se trouve que dans l'Amour.
- Il « faut » être en couple, pour être entier.e et s'épanouir pleinement.
- Si tu es en couple, tu es un.e BG !

Évidemment, toutes ces phrases sont... *fausses* ! Mais comme nous avons grandi avec des contes de fées et autres comédies romantiques qui renforcent ces idées, il est difficile de s'en défaire !

Alors sache que :

- Ta valeur ne réside pas dans le fait d'être en couple.
- Chaque personne évolue à son rythme : personne n'a le droit de te mettre la pression pour être en couple. Ne mets pas non plus la pression aux autres sur le sujet !
- Être en couple n'est pas une obligation, à aucun moment de la vie !
- Le bonheur, c'est avant tout d'être bien, de t'épanouir dans les choix que tu fais pour toi, pas pour les autres 😊

Enfin, rappelle-toi que tu es en couple avec la personne la plus importante au monde : toi-même ! Tu n'as besoin de personne pour te valider, être BG ou entier.e. Alors prends soin de toi : personne ne pourra t'enlever l'amour que tu te donnes à toi-même !

CHAPITRE 6
Le consentement

Cher.s parent.s,

Parler de consentement aux enfants, quelle drôle d'idée !

Non, ne partez pas en courant : ce que j'ai à vous dire est important ☺

Le consentement, ça n'est pas uniquement le consentement sexuel.

Depuis le chapitre 2 (L'intimité), votre enfant sait qu'iel a pleinement le droit de défendre l'accès à son corps, son territoire, son intimité (par exemple : bisous non sollicités, gestes intrusifs). Et que personne ne peut avoir accès à son corps sans son consentement.

Dans ce chapitre, nous allons plus loin : l'objectif est de donner des outils à votre enfant pour faire respecter son consentement.

Réciproquement, ces mêmes outils l'aideront à respecter l'intimité des autres. Cela se traduit par demander avant de faire un bisou, de tenir la main, de prendre dans les bras, etc. En d'autres termes : devenir conscient.e et respectueux.se du consentement d'autrui. Cet apprentissage est essentiel, dans sa vie d'enfant comme dans sa vie future d'adulte.

> « Respecter les autres fait de toi une belle personne »,
> tel est le message clef de ce chapitre.

Oui, moi aussi, j'ai peur.

Par ailleurs, il faut que je vous fasse une confidence, de parent à parent.

J'ai longtemps cherché un moyen d'énoncer ce qui suit avec légèreté.

Et devinez quoi ? ⟶ J'ai pas trouvé !

J'ai parfois peur pour mes 3 enfants. J'ai peur de ne pas savoir les protéger des violences de ce monde. J'ai d'autant plus peur que je lis beaucoup d'ouvrages et de ressources sur les violences sexuelles, et que je connais les chiffres.

Les enfants sont les principales victimes de violences sexuelles : 1 fille sur 5 et 1 garçon sur 13 en sont victimes. 81 % de l'ensemble des violences sexuelles débutent avant 18 ans, 51 % avant 11 ans, 21 % avant 6 ans. *

> Les seuls moyens que j'ai trouvés pour protéger mes enfants sont l'éducation et la communication.

Il existe des outils, que j'essaie de vous transmettre dans ce chapitre, pour prévenir les violences sexuelles afin que nos enfants ne soient ni agresseur.euse.s, ni agressé.e.s.

Malheureusement, on ne peut éduquer et/ou protéger nos enfants à 100 %. Alors à défaut, essayons de les écouter et de leur offrir un espace sécurisant dans lequel iels puissent être libres de parler.

⚠ **Avertissement important**

C'est OK de ne pas se sentir en mesure de lire ce chapitre, faites-le quand vous serez prêt.e.s.

Il est possible que ce chapitre fasse remonter le souvenir d'événements traumatiques. Si c'est le cas, nous vous recommandons de vous faire accompagner par des personnes compétentes et bienveillantes. Avant de prendre soin de votre enfant, prenez soin de vous.

Promis, je reste à côté de vous, et on y va pas à pas ☺

---

* Sources : CSF 2008 ; ONDRP 2012-2017 ; VIRAGE 2017 ; OMS 2014 ; IVSEA 2015.

 **POURQUOI JE NE PEUX PAS FAIRE DES BISOUS À QUI JE VEUX, ALORS QUE C'EST DE L'AMOUR ?**

De même que ton corps est

TON territoire,

TON intimité,

le corps des autres est

LEUR territoire,

LEUR intimité.

Pas question d'entrer sur le territoire des autres sans leur demander la permission.

Donc si tu veux faire des bisous à une personne, lui tenir la main, la prendre dans tes bras… tu dois lui demander son accord avant de le faire.

 **LE SAVAIS-TU ?**

Il existe des manières d'exprimer l'amour qui respectent l'intimité des autres, comme faire un cœur avec tes doigts, écrire un petit mot d'amour…

78 — COMMENT SAVOIR SI UNE PERSONNE EST D'ACCORD POUR QU'ON L'EMBRASSE ?

Merci beaucoup pour cette question très importante !

Ce qui suit, tu vas l'utiliser toute ta vie 🙂

Demander à une personne son accord – on dit aussi « demander son **CONSENTEMENT** » – avant de l'embrasser, de lui tenir la main, de la prendre dans tes bras… c'est OBLIGATOIRE ! Cela montre que tu respectes cette personne. Et respecter les autres, cela fait de toi une belle personne.

Il y a des questions simples que tu peux poser à une personne pour lui demander son consentement :

- J'ai envie de t'embrasser, **est-ce que tu es d'accord ?**
- **Tu veux bien** que je te prenne dans mes bras ?
- **Est-ce que je peux** te faire un bisou ?
- **Tu as envie** d'un câlin ?
- **On se tient** la main ?

C'est la réponse que tu obtiens qui te permet de savoir si cette personne est d'accord. Si la personne est d'accord, on dit qu'elle donne son CONSENTEMENT.

- Si la personne répond OUI à ta question, joyeusement et sans hésitation : alors elle a donné son consentement ✓

- Toutes les autres réponses comme Oui, mais Peut-être Je ne sais pas Non : la personne n'a pas donné son consentement ⛔

- Si la personne ne répond pas, s'enfuit ou se cache : ce n'est pas du consentement ⛔

- Si la personne dit OUI parce que tu as beaucoup (et longtemps) insisté, ce n'est pas du consentement non plus ! ⛔

79 — SI UNE PERSONNE ME DONNE SON CONSENTEMENT POUR DES BISOUS, C'EST POUR TOUJOURS ?

5-8 ans

ABSOLUMENT PAS ! Il existe des règles importantes à retenir sur le consentement. En voici 4 :

1. Le consentement doit être demandé régulièrement :

Quand une personne est d'accord pour recevoir un bisou le lundi, ça ne veut pas dire qu'elle est d'accord pour un bisou le mardi. Si tu veux l'embrasser, demande-lui son consentement le mardi (et les jours suivants 😊).

2. Le consentement est spécifique :

Si une personne est d'accord pour te tenir la main, cela ne veut peut pas dire qu'elle est d'accord pour recevoir un bisou !

3. Être en couple ne signifie pas qu'il y a consentement :

Même si c'est ton amoureux.se , tu dois lui demander avant de lui faire des bisous ou de lui tenir la main !

4. On a le droit de changer d'avis à tout moment :

On peut donner son consentement, puis le retirer ! C'est OK de changer d'avis !

Comme tu l'as compris, le consentement, c'est très important parce que c'est une question de respect. Et toutes nos relations humaines (amoureuses, amicales, scolaires, familiales...) se construisent sur du respect.

80 — COMMENT JE DIS À MON AMOUREUX.SE QUE JE NE VEUX PAS QU'IEL ME FASSE UN CÂLIN ?

Ton amoureux.se, comme toute personne, doit toujours demander ton consentement avant de te faire un bisou ou un câlin, te prendre la main, ou pour tout autre contact physique.

C'est parfaitement ton droit :

→ de ne pas avoir envie de bisous ou de câlins ;

→ de ne pas avoir envie de bisous ou de câlins devant d'autres personnes, cela s'appelle la pudeur et c'est OK d'être pudique ;

→ de ne pas du tout aimer les bisous ou les câlins (et d'être quand même amoureux.se) ;

→ d'avoir envie de câlins ou de bisous certains jours, et de ne pas en avoir envie d'autres jours !

> Il est important qu'à tout moment, tu te sentes libre de donner, refuser ou retirer ton consentement. Tu n'as pas à être désolé.e, ni à te sentir coupable de refuser un contact physique : TON corps, TES choix !

Voici quelques mots simples pour exprimer ton refus avec politesse :

Je t'aime beaucoup, mais je ne veux pas de câlin.

Je préfère qu'on ne se fasse pas de bisous.

Si la personne en face de toi (ton amoureux.se ou une autre personne) ne respecte pas ton choix et te fait des câlins alors que tu as clairement exprimé ton refus : ça n'est pas normal ! Parles-en rapidement à un.e adulte de confiance.

81. QUE FAIRE SI UNE PERSONNE ME FAIT DES BISOUS OU UN CÂLIN SANS ME DEMANDER ?

Aucune personne (adulte ou enfant) n'a le droit de te faire un câlin ou un bisou SANS TON CONSENTEMENT.

Plus largement :

> Personne n'a le droit de toucher ton corps sans ton consentement.

Il y a 2 exceptions à cette règle – on peut te toucher :

● **Pour ta sécurité**

Par exemple, si tu traverses la route et qu'un camion passe rapidement, ton parent (ou une autre personne) peut te prendre par le bras et te tirer pour te mettre à l'abri sur le trottoir.

● **Pour ta santé**

Par exemple, si tu es à l'hôpital, que tu as un accident ou que tu es malade, le personnel soignant ou tes parents devront peut-être intervenir et te toucher pour te soigner.

LE SAVAIS-TU ?

Si une personne, adulte ou enfant, ne te demande pas ton consentement avant un contact physique (te toucher, t'embrasser, te faire des câlins ou un bisou), ça n'est pas normal ! Parles-en rapidement avec un.e adulte de confiance !

82 — J'AIME PAS QUAND QUELQU'UN MONTRE SON SEXE DANS LES TOILETTES DE L'ÉCOLE.

Tu as le droit de ne pas vouloir regarder le corps des autres, ou certaines parties de leur corps : cela s'appelle « être pudique ».

Les autres n'ont pas à te montrer leurs parties intimes sans demander ton consentement.

Respecter ta pudeur fait partie du consentement !

Si un.e camarade d'école te montre son sexe alors que tu n'en as pas envie, pose des limites (« Je ne veux pas voir ton sexe ») et demande à cette personne de respecter ton intimité et ta pudeur. Si cela ne suffit pas, parles-en à un.e adulte de confiance.

Pour un rappel sur la pudeur, rends-toi aux **questions 17 et 18**

83 — EST-CE QU'UN.E ENFANT PEUT FAIRE DES CÂLINS SEXUELS AVEC UN.E ADULTE ?

En France, il existe des lois pour protéger les enfants. Certaines de ces lois concernent les « câlins sexuels » (cela s'appelle des « relations sexuelles ») – entre enfants et adultes.

● Si l'enfant a moins de 15 ans, la loi dit qu'un.e adulte **n'a pas le droit** d'avoir des relations sexuelles avec lui/elle. Cet acte est un crime, puni par la loi avec de la prison et une grosse amende.

Pour les adolescent.e.s de 15 à 18 ans, la loi est différente :

● Si l'adolescent.e est consentant.e, iel peut avoir des relations sexuelles avec un.e adulte sauf si cet.te adulte est l'un.e de ses ascendant.e.s (parent, grand-parent…) ou s'iel a autorité sur l'enfant (beau-parent, professeur.e, moniteur.trice sportif.ve, animateur.trice…).

● Si un.e adulte te propose des relations sexuelles ou te demande des photos de toi, que ce soit dans la vie réelle ou sur Internet, parles-en immédiatement à tes parents ou un.e adulte de confiance, *ça n'est pas normal !*

Il existe 2 numéros d'appels gratuits pour les victimes de violences sexuelles :

119 ou **3919**.

84 — **QUAND ON EST ADULTE ET EN COUPLE, ON EST OBLIGÉ.E DE FAIRE L'AMOUR ?**

Être en couple n'oblige pas à faire l'amour. Pour pouvoir faire l'amour, il faut que les deux personnes soient consentantes, c'est-à-dire qu'elles en aient envie et se disent un grand OUI joyeux et enthousiaste.

Pour un rappel sur le consentement, retourne aux questions 77 et 78

Ensuite, chaque couple a sa propre intimité, sa propre complicité : faire l'amour n'est qu'une des manières de se connecter entre amoureux.ses.

On peut aussi se faire des massages, prendre un bain ensemble, s'écrire des poèmes, se faire des guilis, réaliser un projet professionnel, artistique ou associatif ensemble, aller à des concerts, au cinéma ou au théâtre, cuisiner ensemble ou sortir au restaurant…

LE SAVAIS-TU ?

Certains couples font beaucoup l'amour, d'autres très peu ou pas du tout. Et puis ce rythme évolue au cours de la vie. Le plus important est de trouver un équilibre au sein du couple pour que tout le monde soit heureux.se 😊

85. MON AMOUREUX.SE VEUT QU'ON SE VOIE TOUT LE TEMPS, EST-CE QUE JE DOIS ME FORCER ?

Même dans une relation amoureuse, la première personne à respecter est toi-même ! Donc avant de vouloir faire plaisir à l'autre, le plus important est de t'écouter, TOI !

Tu as le droit d'avoir envie de passer du temps avec tes ami.e.s, ta famille ou avec toi-même, plutôt qu'avec ton amoureux.se. Cela ne signifie pas que tu ne l'aimes pas : cela veut juste dire que tu trouves ton équilibre dans différentes choses/personnes, et que ta vie ne se résume pas à ta relation amoureuse 😊

Rappelle-toi qu'être en couple, ou être amoureux.se **ne signifie pas** :

- être obligé.e de se voir tout le temps ;
- être obligé.e de s'embrasser / se câliner ;
- être obligé.e de tout raconter à l'autre ;
- être obligé.e de faire tout ce que l'autre veut !

Le respect de ton intimité et de ton consentement s'applique même quand tu es en couple, à chaque instant. Donc si ton amoureux.se souhaite te voir, iel doit te demander ton consentement avant (et tu as parfaitement le droit de dire non. 😊)

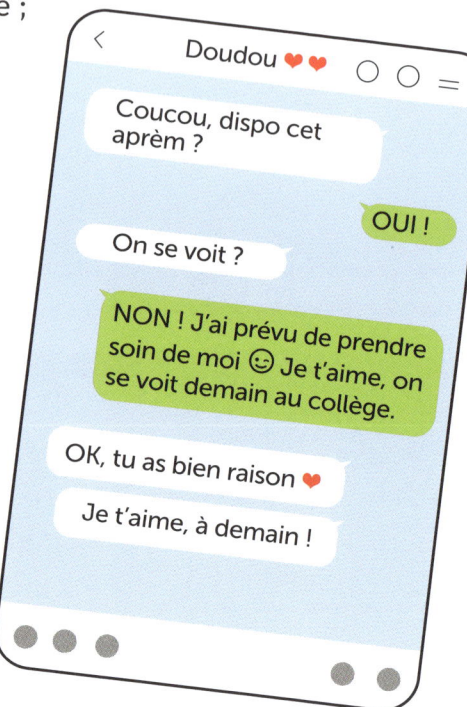

SUIS-JE OBLIGÉ.E DE RACONTER TOUT CE QUE JE FAIS OU DE MONTRER MON TÉLÉPHONE À MON AMOUREUX.SE ?

Encore une fois, personne ne peut t'obliger à faire quoi que ce soit – pas même ton amoureux.se ! Si cette personne exige de toi des choses qui ne respectent pas ton intimité, cela doit t'alerter.

Il est possible qu'une bonne discussion te permette d'exprimer que quelque chose ne va pas : si c'est la bonne personne pour toi, ton amoureux.se sera à ton écoute, et vous trouverez ensemble un équilibre respectueux de vous deux.

Enfin, si dans ta relation :

● tu ressens une pression pour faire des choses dont tu n'as pas envie ;

● tu as peur d'exprimer tes envies et tes limites (par peur de blesser l'autre ou de te faire quitter) ;

● ton amoureux.se ne respecte pas tes limites ;

● ton amoureux.se a des attitudes ou des paroles blessantes envers toi de manière répétée, ou parle mal de toi aux autres ;

● ton amoureux.se n'est pas à ton écoute…

Parles-en rapidement à un.e adulte de confiance !
En effet, il est possible que tu sois dans une relation « toxique » : c'est une relation dans laquelle une des personnes (ou les deux) se sent souvent mal ou en souffrance.

Il est parfois difficile, quand on est dans une relation toxique, d'en avoir conscience, et d'en sortir. Alors n'hésite pas à demander de l'aide ! Cela ne fait pas de toi une personne faible, mais une personne forte qui se bat pour retrouver de la dignité, du respect et la liberté !

CHAPITRE 7
Amour, sexe et plaisir

Cher.s parent.s,

Oui, ce chapitre s'appelle bien « AMOUR, SEXE et PLAISIR ».

Tiens, c'est bizarre, y'a plus personne ! Vous avez tou.te.s disparu ? 😊

Pas de panique !

Il n'est pas question de confier à votre enfant ce qui se passe dans votre vie intime, ni de lui apprendre comment iel doit gérer sa vie personnelle.

Lorsque les enfants vous parlent de « sexe » ou d'« amour », rappelez-vous qu'iels ont déjà une représentation de la chose, et qu'iels veulent en avoir confirmation. Ou alors, iels en ont entendu parler (par exemple dans la cour de récréation), avec plein de sous-entendus, et se demandent quel est donc ce grand secret, qu'on évoque à mots couverts et qu'il semble – paradoxalement – si important de connaître !

Une représentation qui évolue à mesure que l'enfant grandit

On estime qu'à partir de l'âge de 2/3 ans, l'enfant comprend qu'il existe entre ses parents une relation privilégiée qui explique pourquoi iels se font des bisous sur la bouche – auxquels il n'a pas droit : ce sont des câlins d'amoureux.ses.

À partir de l'âge de 5/6 ans environ, la représentation de l'amour change : les enfants visualisent deux corps nus enlacés. Ensuite, à mesure qu'iels se rapprochent de l'adolescence, des représentations techniques vont venir s'ajouter à cette première image.

Donc, la première chose à faire quand votre enfant vous demande ce que signifie « faire l'amour » ou : « c'est quoi le sexe ? », c'est de lui retourner la question : « Et toi, tu sais ce que c'est ? »

Attendez-vous à ce qu'iel vous dise que c'est dégoûtant !

Cette première question vous permettra de jauger le niveau d'information que votre enfant a déjà, ainsi que sa maturité sur le sujet. Vous pourrez ainsi adapter au mieux votre discours et le niveau de détails et d'informations attendus par votre enfant.

Dans un second temps, vous pouvez lui proposer de regarder ensemble ce chapitre qui aborde, de manière évolutive, ces notions d'amour et de sexe – de la manière la plus respectueuse possible, tout en torpillant les fausses idées ou rumeurs qui peuvent entraver son développement psycho-affectif.

Dépasser nos peurs

Les parents expriment un certain nombre de peurs, qui les empêchent de parler de sexualité avec leur enfant/adolescent.e. Je vous propose de lister ces peurs, et de voir comment on peut les apprivoiser.

✓ **La 1ʳᵉ peur est la suivante : si on parle de sexualité à l'enfant, iel va avoir envie d'essayer !**

À cette peur, répondent des dizaines d'études menées sur tous les continents (se référer aux principes directeurs de l'UNESCO)* et qui montrent que plus les parents parlent de sexualité avec leur enfant... plus l'âge du premier rapport est tardif ! En réalité, plus on parle d'un sujet, moins les enfants sont tenté.e.s de le découvrir seul.e.s, par elleux-mêmes, à travers des conduites à risques.

Par ailleurs, ces mêmes études montrent que plus les enfants/adolescent.e.s parlent de sexualité avec leurs parents, moins iels sont exposé.e.s aux IST, grossesses précoces (non désirées) et agressions sexuelles.

En deux mots : *Parler de sexualité avec vos enfants/adolescent.e.s, c'est les protéger !*

Ce chapitre rappelle aussi aux enfants qu'il existe un âge légal de majorité sexuelle (15 ans). Cet âge n'est pas fixé par hasard : pour faire l'amour, il faut d'abord en avoir envie, avoir du désir sexuel. Et ce désir est provoqué par les hormones sexuelles lors de la puberté. On considère qu'avant l'âge de 15 ans, un.e enfant ne peut être légalement consentant.e à une relation sexuelle.

---

* Voir ressources, page 208.

✓ **La 2ᵉ peur évoquée par les parents est celle d'en dire trop : si on lui en parle, que lui restera-t-il à découvrir ?**

Cette peur se comprend aisément. Alors – comme écrit plus haut – pour éviter d'en dire « trop » ou de donner des réponses non adaptées à votre enfant, commencez par lui retourner ses questions pour jauger de sa maturité, du niveau d'information qu'iel attend.

Ce livre, conçu de manière évolutive et relu par des médecins, pédopsychiatres et psychologues, est également une approche idéale du sujet.

Enfin, je crois qu'il ne faut pas confondre la sexualité avec une série TV : il n'y a rien à spoiler. Si on vous explique comment courir un marathon sans vous blesser, comment cuisiner un savoureux risotto aux champignons, ou comment entretenir votre jardin pour que les fleurs s'y épanouissent : êtes vous content.e.s d'avoir ces informations ou avez-vous l'impression d'avoir été spoilé.e.s ?

Eh bien, c'est pareil pour la sexualité !

Une information saine et inclusive, adaptée à la maturité psycho-émotionnelle de l'enfant, n'entravera pas sa propre exploration – qui se fera en temps et en heure. Cela lui permettra simplement d'explorer en toute sécurité, en ayant les moyens de se protéger et de protéger les autres.

✓ **La 3ᵉ peur évoquée par les parents est celle de la pornographie en ligne.**

Cette peur est d'autant plus prégnante que les écrans (notamment les smartphones) sont partout, et qu'on les retrouve de plus en plus dans les mains des enfants – dès l'école primaire.

Pour apprivoiser cette peur, je me permets de vous poser une question. À votre avis, si votre enfant a des questions sur la sexualité et qu'iel vous sent fermé.e.s sur le sujet, où va-t-il aller chercher ses réponses ?

⟶ Auprès de ses camarades... et d'Internet !

Le meilleur moyen pour éviter que votre enfant ne recherche sciemment des informations sur Internet (s'iel tape « sexe » sur Internet, je vous laisse deviner sur quel genre de site iel va tomber...) est d'avoir des discussions saines et intelligentes avec votre enfant sur la sexualité. Cela vous positionne ainsi comme l'adulte de confiance, à qui l'enfant peut poser ses questions sur le sujet.

Enfin, la pornographie est également abordée dans ce chapitre, puisque l'âge médian du premier visionnage de porno en France est de 12 ans. La moitié des enfants ont vu du porno avant l'âge de 12 ans, donc mieux vaut en parler que d'en faire un tabou !

✓ **La 4ᵉ peur est celle de dévoiler son intimité parentale.**

Il n'en est pas question ! Il y a une différence entre parler de sexualité et parler de VOTRE sexualité. Ce qui se passe dans votre chambre à coucher ne regarde que vous. Et vous devez préserver votre enfant, ne pas l'exposer à cette réalité qui ne le/la concerne pas.

De même, si votre enfant vous pose des questions sur votre vie sexuelle ou conjugale, n'hésitez pas à lui dire : « Ceci est mon intimité, je ne souhaite pas en parler. » Vous montrez ainsi à votre enfant comment on préserve sa propre intimité.

✓ **La 5ᵉ peur est de s'immiscer dans l'intimité de votre enfant.**

De même que vous ne laissez pas votre enfant s'immiscer dans votre intimité, respectez également la sienne. Les questions intrusives sont donc à proscrire.

Et si votre enfant s'ouvre à vous sur des sujets intimes (notamment pour des questions de santé), demandez-lui simplement s'iel est d'accord pour en parler, et rappelez-lui que rien ne l'y oblige.

Bon, ai-je réussi à calmer un peu vos peurs ? Vous avez encore les chocottes ?

Aucun souci : je vous prends par la main (si vous y consentez 😊)

et je vous accompagne tout au long du voyage !

87 C'EST QUOI « FAIRE L'AMOUR » ?

Faire l'amour, c'est un moment de partage et d'intimité entre deux personnes adultes qui se sont donné leur consentement. Par exemple, lorsque deux adultes s'aiment, iels ont souvent besoin et envie de se le dire avec des mots et des gestes : c'est très doux et cela leur apporte beaucoup de plaisir.

> **LE SAVAIS-TU ?**
> Pour comprendre ce qu'est l'amour, il faut se rappeler que les êtres humains sont des animaux sociaux et tactiles.

Depuis leur naissance, les bébés réagissent aux câlins, aux massages, aux personnes qui leur parlent, leur sourient, jouent avec eux.

En grandissant, les enfants continuent à utiliser à la fois les mots et les gestes pour communiquer et exprimer leurs sentiments et émotions.

Quand on est enfant et qu'on est amoureux.se, il y a mille manières d'exprimer son amour pour la personne qu'on aime.

> Pour un rappel sur l'amour, retourne aux **questions 63 et 64**

Aucune de ces manières n'est mieux qu'une autre. Le plus important est que ces mots et ces gestes soient *respectueux* de l'autre personne, et que ce soit un réel partage.

Les adolescent.e.s peuvent exprimer leur amour en se tenant par la main, en se prenant dans les bras ou en faisant des bisous d'amoureux.ses.

Les adultes ont encore d'autres manières de s'exprimer leur tendresse ou leur amour. Une de ces manières est de « faire l'amour », c'est-à-dire avoir des relations sexuelles.

88 — ET VOUS, VOUS FAITES L'AMOUR ?

Oui, cela nous arrive – mais je ne peux pas t'en dire plus car ce qui concerne notre sexualité de parents est **intime** : ça ne regarde que nous – de même que ta sexualité n'appartient qu'à toi.

D'ailleurs, si tu as des questions qui concernent ta sexualité plus tard, nous serons toujours à l'écoute, et ferons de notre mieux pour y répondre sans intervenir dans ta vie intime.

89 — QUAND EST-CE QUE JE POURRAI FAIRE L'AMOUR ?

En France, il existe des lois qui fixent la majorité sexuelle à l'âge de 15 ans.

Avant l'âge de 15 ans, on considère qu'un.e enfant n'a pas assez de connaissance de soi et des autres pour faire l'amour en toute sécurité et de manière consentante.

> Rappelle-toi aussi que personne ne peut t'obliger à faire l'amour : ton corps n'appartient qu'à toi, et c'est à toi de décider ce que tu veux en faire !
> TON CORPS, TES CHOIX !

L'âge de 15 ans est un âge minimum, pas un âge obligatoire. Certaines personnes découvrent la sexualité dès l'âge de 15 ans, d'autres beaucoup plus tard. En fait, la sexualité est une question très personnelle : chaque personne grandit à son rythme et il n'y a pas de règles !

Quand tu seras grand.e, ça sera **à toi** de décider quand tu seras prêt.e à faire l'amour et avec qui.

90 EST-CE QUE JE PEUX FAIRE L'AMOUR À MOI-MÊME ?

La personne la mieux placée pour te donner du plaisir est...
toi-même !

Faire l'amour à soi-même porte même un nom : cela s'appelle la **masturbation**.

Se masturber est normal. Il s'agit d'un acte naturel, pratiqué par tous les mammifères, qui te permet de faire connaissance avec ton propre corps et de l'explorer.

Se masturber, c'est une rencontre avec soi-même. Il n'y a donc rien de sale ni de dégoûtant à se masturber.
Tu n'as pas à avoir honte de te masturber !

Quel que soit ton genre, quel que soit ton sexe (que tu aies un pénis ou une vulve), tu as le droit d'avoir envie de te toucher et de te donner du plaisir. Tu as le droit d'aimer faire ça.

La seule chose importante quand tu te masturbes est de préserver ton intimité et celle des autres. Assure-toi de le faire dans un lieu calme, pour ne pas être dérangé.e, ni déranger les autres.

Pour un rappel sur la masturbation, rends-toi aux **questions 17 et 19**

7-10 ans

> **J'AIME PAS VOIR LES AUTRES SE FAIRE DES BISOUS ET DES CÂLINS, C'EST NORMAL ?**

Parfois, quand on aime, on a envie d'embrasser l'autre tout le temps, de le/la prendre dans nos bras, ou encore d'avoir des gestes de tendresse – alors qu'il y a du monde autour ! En fait, on se laisse déborder par nos sentiments – OOOPS !

Si tu n'es pas à l'aise avec les gestes de tendresse des autres en public, n'hésite pas à leur en faire poliment la remarque. Tu as le droit à ton intimité, donc tu as le droit d'être pudique et de ne pas vouloir être exposé.e à l'intimité des autres, c'est ok !

Il est possible que les bisous et les câlins te dégoûtent tellement que tu as l'impression que **tu ne feras jamais ça**. Cela signifie que tu n'es pas encore prêt.e pour ça. Et ça tombe bien : il n'y a aucune urgence, chacun.e avance à son rythme. En plus, tant qu'on n'a pas trouvé la personne à qui on a envie de faire des bisous et des câlins, ces gestes peuvent sembler très bizarres.

Enfin, rappelle-toi que tout le monde n'aime pas les mêmes choses. Personne ne peut t'obliger à aimer les bisous (ou d'autres gestes qui te dégoûtent), et tu n'as pas à être jugé.e pour cela. De même, ne juge pas les autres pour les gestes qu'iels font et qui ne te plaisent pas 😊

92 — EST-CE QUE DEUX FEMMES OU DEUX HOMMES PEUVENT FAIRE L'AMOUR ?

On ne choisit pas de qui on tombe amoureux.se !

Donc, quel que soit ton genre : tu as le droit d'aimer ou d'avoir des sentiments amoureux pour toute personne, quel que soit son genre.

De même, « faire l'amour » est possible entre deux personnes, quel que soit leur genre – pourvu que ces personnes soient consentantes : par exemple, deux filles ou deux garçons peuvent parfaitement faire l'amour.

Pour en savoir plus sur le sujet, retourne aux questions 72 et 73

93 — COMMENT ON FAIT POUR EMBRASSER ?

Depuis notre naissance, on reçoit des bisous – et très tôt, on nous apprend à en donner. Mais là, j'ai comme l'impression que ta question est plus spécifique. 😊

Comment faire un baiser d'amour – en particulier la première fois ?

Si tu as tout bien suivi, tu sais que la première chose à faire est de s'assurer que la personne que tu veux embrasser est d'accord pour recevoir un baiser d'amour.

Pour exprimer un sentiment amoureux, le baiser d'amour est souvent un baiser sur la bouche. Tu peux caresser ses lèvres avec tes lèvres, sa langue avec ta langue, sa langue avec tes lèvres, etc. Même si ça fait peur et que ça a l'air technique, sache qu'il n'existe aucun mode d'emploi du baiser d'amour. Le plus difficile est de se lancer. Lorsque tu seras prêt.e et que la personne que tu souhaites embrasser aussi, faites-vous confiance et soyez à l'écoute l'un.e de l'autre.

Autorisez-vous à explorer, à essayer, à vous tromper, à réessayer, jusqu'à trouver une manière de vous embrasser qui vous donnera beaucoup de plaisir à l'un.e et à l'autre.

La beauté du baiser est qu'il permet, l'espace d'un instant, de ne faire qu'un avec le corps de l'autre, les deux corps étant reliés par ces bouches qui s'embrassent.

94 · SI ON SORT ENSEMBLE, JE SUIS OBLIGÉ.E DE L'EMBRASSER ?

Chaque personne, chaque couple a une manière différente de vivre le fait d'être « ensemble ».

Pour certains couples, cela signifie s'écrire des lettres ou des SMS d'amour, quand pour d'autres cela veut dire s'asseoir à côté en classe ou à la cantine, se prendre la main ou aller au cinéma ensemble.
Il n'existe aucune loi qui dit que sortir ensemble, c'est s'embrasser 😊

En outre, certaines personnes considèrent le baiser avec la langue comme un geste très intime, voire dégoûtant... Alors que pour d'autres personnes, c'est un geste banal !

Donc pas question de te forcer, ni de forcer l'autre à faire quoi que ce soit – même quand on sort ensemble, même quand on est amoureux.se ! Le plus important est d'être à l'écoute de tes envies et limites, de les communiquer à ta ou ton partenaire, et de t'assurer de son consentement également.

Plus d'informations sur le consentement au chapitre 5

ÇA VEUT DIRE QUOI « AVOIR DES RELATIONS SEXUELLES » ?

Avoir des relations sexuelles – on dit aussi **faire l'amour**, c'est partager un moment d'intimité, de complicité et de plaisir avec une autre personne.

Pour cela, il faut que les personnes soient consentantes et majeures sexuellement (+ de 15 ans).

Comment ça se passe ?

Lorsque deux personnes se désirent et ont envie d'avoir des relations sexuelles, elles peuvent :

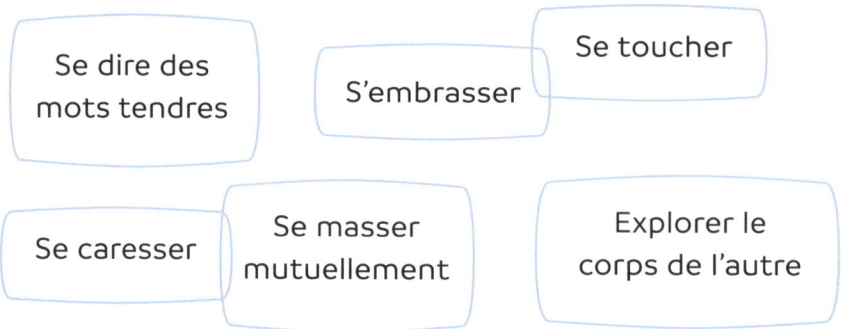

Les relations sexuelles sont donc à la fois un moment où on découvre l'autre et son corps, un moment où on se dévoile, et un moment où on apprend à mieux connaître son propre corps.

Le plus souvent, les personnes sont nues en présence l'une de l'autre – pour augmenter la sensation d'intimité et aussi pour permettre à l'autre d'avoir accès à notre corps. Ce n'est pas toujours simple de se montrer nu.e et de se dévoiler : chacun.e son rythme et ses techniques pour être à l'aise (garder quelques vêtements, se glisser sous les draps, baisser la lumière, mettre de la musique…).

96 — À PARTIR DE QUEL ÂGE ON PEUT FAIRE L'AMOUR ?

Comme pour beaucoup de choses dans la vie (premières dents, premiers pas…), chacun.e avance à son rythme. C'est aussi vrai en matière d'amour et de sexualité.

À partir de ta majorité sexuelle (en France, cet âge est fixé à 15 ans), tu auras la possibilité d'avoir des relations sexuelles – si tu en as envie.

15 ans est un âge minimal, pas un âge obligatoire !
Certaines personnes commencent leur vie sexuelle à 15 ans, d'autres à 20 ans, à 25 ans et même plus tard 😊

Le plus important est donc de t'écouter, d'attendre de te sentir prêt.e, et de choisir une personne en qui tu as confiance et avec qui tu souhaites partager ce moment d'intimité.

LE SAVAIS-TU ?

Parfois, on ressent de la pression à avoir des relations sexuelles (pour faire comme les camarades de classe, ou parce qu'on a l'impression que ça va faire plaisir à l'autre).

Rappelle-toi que ton corps t'appartient : personne n'a le droit de te forcer ou de te mettre la pression pour avoir des rapports sexuels. Le consentement est la base de toute relation humaine.

10 ans +

97 COMMENT ON FAIT L'AMOUR ?

Il n'y a pas une, mais des milliers de manières de faire l'amour. Chaque fois que deux personnes font l'amour, elles créent une nouvelle manière de se connecter – comme une nouvelle danse intime. **Voici quelques exemples d'actes sexuels qui entrent dans ce qu'on entend par « faire l'amour » :**

- **Baisers profonds** : les partenaires utilisent leurs bouches pour s'exprimer leur désir,

- **Massages sensuels** : les partenaires se massent mutuellement le corps,

- **Caresses sexuelles** : les partenaires utilisent leurs mains pour stimuler les parties intimes de l'autre partenaire,

- **Sexe oral** : les partenaires utilisent leurs bouches pour stimuler les parties intimes de l'autre partenaire,

- **Sexe pénétratif** : les partenaires utilisent leurs corps ou des jouets sexuels pour pénétrer les parties intimes de l'autre partenaire.

Faire l'amour n'obéit à aucune règle – si ce n'est le respect, le consentement et la bienveillance entre partenaires. Il n'existe pas de hiérarchie ni d'ordre à respecter entre les différents actes sexuels. Par exemple, le sexe pénétratif n'est ni obligatoire, ni plus important que les autres actes sexuels.

Voir chapitre 8 Les bébés

LE SAVAIS-TU ?

Faire l'amour, ce n'est pas faire des bébés. Autant se reproduire est instinctif, autant faire l'amour s'apprend, se découvre, s'expérimente et s'adapte à la personne avec qui on partage ce beau moment.

98 — C'EST NORMAL D'ÊTRE TRÈS AMOUREUX.SE ET DE NE PAS AVOIR ENVIE DE FAIRE L'AMOUR ?

OUI !!! Il est important de faire une distinction entre les sentiments (amoureux ou autres) que l'on développe pour une personne, et l'attirance sexuelle.

Par exemple, il est possible de ressentir une forme d'attirance physique ou sexuelle pour une personne, alors même qu'on ne la connaît pas (par exemple : pour un acteur ou une chanteuse) ! De manière symétrique, on peut être amoureux.se d'une personne, la trouver magnifique et pour autant ne pas avoir envie de contacts intimes ou sexuels avec cette personne.

Certaines personnes ont peu – voire pas du tout – d'attirance sexuelle pour les autres, même quand elles sont dans des relations amoureuses : on parle alors d'asexualité. Ce n'est ni une maladie, ni un problème : l'asexualité est une orientation sexuelle comme les autres – voir le dico de l'amour en question 73.

Si tu es asexuel.le, n'hésite pas à en parler avec tes partenaires, afin de trouver ensemble des manières de vous épanouir et de créer des moments d'intimité qui vous ressemblent.

99 COMMENT ON FAIT POUR DONNER DU PLAISIR ?

Dans la vie de tous les jours, qu'est-ce qui te procure du plaisir ?

Regarder un beau paysage ou un coucher de soleil ?

Écouter ton morceau de musique préféré ? **Sentir** un parfum délicieux ?

Goûter un plat que tu aimes ? Te faire **masser** le dos ?

Tes 5 sens te permettent de ressentir du plaisir.
Sais-tu les nommer ?

C'est la même chose quand on fait l'amour :)

Pour donner et recevoir du plaisir, il faut partir à la découverte des stimulations (la vue, le toucher, l'odorat, le goût, l'ouïe) qui procurent du plaisir à l'autre et qui nous procurent du plaisir.

Par exemple : on peut avoir du plaisir à entendre des mots doux, à sentir la peau ou le corps de l'autre, à être massé.e ou caressé.e sur certaines parties du corps, à goûter le corps de l'autre...

LE SAVAIS-TU ?

Chaque personne a un corps différent, est sensible à des stimulations différentes. Le mieux est donc de demander à son.sa partenaire ce qui lui donne du plaisir, et d'explorer son corps avec son consentement.

100 — C'EST QUOI UN ORGASME ?

L'orgasme est une réaction du corps humain, qui correspond à la libération d'un plaisir intense après une phase de stimulation sexuelle.

Cela peut arriver quand on fait l'amour ou quand on se masturbe !

LE SAVAIS-TU ?

Un orgasme peut même arriver quand on dort ! Cela s'appelle « un orgasme nocturne », et se produit généralement pendant la phase de sommeil paradoxal, lorsqu'on dort profondément et qu'on rêve. Le corps est au repos, seul le cerveau est en activité. Parfois on s'en souvient au réveil, parfois l'orgasme nous réveille – mais pas toujours !

Les orgasmes sont différents d'une personne à l'autre, d'un orgasme à l'autre. Certains sont très puissants, d'autres plus faibles. Certains durent quelques dizaines de secondes, d'autres quelques brèves secondes. Certains donnent envie de dormir, d'autres au contraire donnent un max d'énergie.

Quand un orgasme arrive, on observe souvent :

- des contractions des muscles dans plusieurs parties du corps et notamment la zone pelvienne (qui s'étend du pubis à l'anus),
- une sensation de bien-être,
- des bruits spontanés (cris, gémissements, râles de plaisir)...

Ces réactions du corps peuvent surprendre – surtout les premières fois, mais elles sont naturelles. Il n'y a aucune honte à avoir.

Le cerveau libère aussi beaucoup d'hormones pendant un orgasme :

- des endorphines (qui donnent cette sensation de bien-être et de relâchement),

- de l' ocytocine (hormone qui fait qu'on s'attache à l'autre),

- de la sérotonine et de la dopamine (qui donnent cette sensation de plaisir),

- de l' adrénaline et de la noradrénaline (qui accélèrent et régulent les battements du cœur), etc.

LE SAVAIS-TU ?

Rappelle-toi que l'orgasme n'est pas l'objectif quand on fait l'amour ou qu'on se masturbe : c'est cool quand ça arrive, et ce n'est pas grave quand ça n'arrive pas. Le plus important est de partager un moment de plaisir et d'intimité (avec une autre personne ou soi-même) !

101) EST-CE QUE FAIRE L'AMOUR ÇA FAIT MAL ?

Faire l'amour est censé être une expérience agréable, un moment de partage de complicité et de plaisir entre deux personnes majeures sexuellement et consentantes.

Donc faire l'amour ne devrait pas faire mal.

Toutefois, comme expliqué à la question précédente, le corps peut avoir des réactions spontanées lorsqu'on le stimule et qu'il éprouve du plaisir. Par exemple des bruits (cris, gémissements), des mouvements (contractions des muscles, sursauts), des sensations (frissons, bien-être, excitation)...

Il arrive que des personnes majeures sexuellement et consentantes qui font l'amour crient. Ce sont généralement des réactions de plaisir. Pour préserver l'intimité des autres, les adultes essaient d'être discret.ètes.s lorsqu'iels font l'amour – mais ça ne marche pas à tous les coups !

LE SAVAIS-TU ?

Il arrive que faire l'amour soit douloureux : si une des deux personnes ressent des douleurs, consulter un médecin est toujours une bonne idée pour trouver des solutions. La douleur est une alerte envoyée par le corps, il est important de l'écouter.

102 EST-CE QUE FAIRE L'AMOUR, ÇA DONNE DES MALADIES ?

Lorsque deux personnes font l'amour, il est probable qu'elles vont se toucher, s'embrasser, échanger des fluides corporels et exposer leurs muqueuses à des contacts.

Par exemple, au moment où deux personnes s'embrassent, leurs muqueuses buccales et leurs salives vont se toucher et se mélanger. Elles partagent alors des bonnes et des mauvaises bactéries mais aussi des virus.

Certaines bactéries et virus peuvent provoquer des infections qui peuvent être bénignes / pas graves et parfois beaucoup plus sérieuses / dangereuses pour la santé. Il existe notamment des infections qui peuvent être transmises quand on fait l'amour : ce sont les **Infections sexuellement transmissibles** (IST).

Comme toutes les maladies et infections, il existe des moyens pour s'en protéger : des **préservatifs** externes (qui se mettent sur le pénis) et internes (dans le vagin), des **digues dentaires** (qui empêchent le passage de bactéries entre la muqueuse buccale et les muqueuses vaginales/anales).

On conseille fortement aux personnes majeures sexuellement et consentantes qui font l'amour d'utiliser ces moyens de protection, pour se protéger et protéger les autres de ces IST !

Enfin, deux personnes qui font l'amour peuvent aussi effectuer un **dépistage** d'IST : cela consiste à regarder si on est porteur.se d'une infection ou d'une maladie, pour éviter de la transmettre sexuellement à l'autre.

LE SAVAIS-TU ?

Un vaccin pour se protéger des IST ?

Certaines IST sont d'origine bactérienne, d'autres sont virales. C'est le cas des HPV (*Human Papilloma Virus*). Les HPV sont notamment responsables des cancers du col de l'utérus – qui tuent 1 000 personnes par an en France, et d'autres cancers (ORL/anus) ainsi que des verrues génitales. Ils se transmettent lors de relations sexuelles.

La bonne nouvelle est qu'il existe un vaccin préventif, à faire entre 11 et 14 ans quel que soit ton genre, avec un rattrapage possible entre 15 et 19 ans.

103 — EST-CE QU'ON RISQUE D'AVOIR UN BÉBÉ QUAND ON FAIT L'AMOUR ?

C'est une très bonne question !

Quand on fait l'amour, il y a un risque de grossesse si :

- Les personnes concernées sont une personne à utérus ET une personne à pénis.

- Les deux personnes sont pubères, c'est-à-dire que la personne à utérus a eu ses premières règles et que la personne à pénis a eu ses premières éjaculations.

- Cette relation sexuelle inclut une pénétration phallo-vaginale (pénétration du pénis dans le vagin).

À partir du moment où ces 3 conditions sont réunies, et si les personnes ne souhaitent pas devenir parents, mieux vaut se protéger d'une éventuelle grossesse.

Plus d'infos sur la grossesse dans le chapitre suivant.

10 ans +

**Pour cela, il existe plusieurs solutions qu'on appelle
« des moyens de contraception » :**

 Les préservatifs externes (à placer sur le pénis)

 Les préservatifs internes (à placer dans le vagin)

 La pilule contraceptive

 Le DIU (dispositif intra-utérin)

 L'anneau vaginal (à placer dans le vagin)

 L'implant (implanté dans le bras)

 L'anneau thermique (maintient les testicules en position haute)

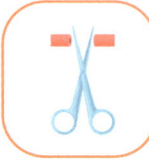 Des moyens définitifs (chez les adultes seulement) : vasectomie, ligature des trompes.

Il est donc conseillé à deux personnes qui font l'amour avec un risque de grossesse d'en parler avant et de consulter un.e professionnel.le de santé, pour choisir la méthode qui leur convient le mieux.

En France, les centres de planning familial accueillent gratuitement et anonymement les personnes qui souhaitent s'informer et se faire prescrire un moyen de contraception.

104 — À QUEL ÂGE DOIS-JE CONSULTER UN.E GYNÉCO OU UNE SAGE-FEMME POUR LA PREMIÈRE FOIS ?

En France, la santé sexuelle des personnes à utérus est prise en charge par les médecins généralistes, les gynécologues, les sages-femmes et au planning familial.

Il n'y a pas d'âge minimum pour aller consulter, ni d'obligation de le faire à la puberté. En revanche, il est recommandé d'y aller au plus tard à 25 ans pour faire un premier frottis cervical (examen visant à prévenir le cancer du col de l'utérus – voir Vaccin HPV page 170).

Avant 25 ans, tu peux consulter un.e gynéco/sage-femme/médecin généraliste dans les cas suivants :

- tu as des questions ou tu souhaites parler de la/ta sexualité ;
- tu as des douleurs de règles ;
- tu as des rougeurs/démangeaisons/douleurs à la vulve ou dans la zone pelvienne ;
- tu as des pertes anormales ou irrégulières ou odorantes (pas la même odeur que d'habitude) ;
- tes seins changent d'aspect ;
- tu as besoin d'une contraception ;
- tu as mal quand tu urines ;
- tu souhaites te faire dépister (tester la présence d'IST dans ton corps).

Après le début de la vie sexuelle, *consulter une fois par an* est préconisé pour assurer un suivi, chez un.e professionnel.le de santé avec qui tu te sens en confiance.

105 — ÇA VEUT DIRE QUOI « PORNO » ?

Ça te dit de faire un petit voyage dans le temps ? 😊

Depuis l'ère paléolithique (il y a plus de 12 000 ans) et l'apparition des premiers outils, les humain.e.s utilisent leur créativité pour raconter leur vie quotidienne, leurs croyances et divinités, leur envie d'avoir des enfants en bonne santé, ainsi que leur joie de faire l'amour !

Représenter des personnes qui font l'amour, cela s'appelle de l'art érotique ou pornographique !

Les plus vieilles représentations pornographiques datent d'il y a plus de 7 000 ans ! Au début il s'agissait plutôt de sculptures, de statuettes et de peintures rupestres (sur les parois des grottes), puis sont apparu.e.s les dessins, les peintures, les poèmes, les livres et les chansons…

À partir de la fin du XIXe siècle, avec l'apparition du cinéma, sont arrivés les premiers films érotiques et pornographiques (on dit aussi **PORNO**) – qui mettent en scène des personnes en train de faire l'amour.

Avec la technologie moderne, on peut aujourd'hui trouver des films érotiques et pornographiques sur Internet. Ces contenus sont exclusivement réservés aux adultes, afin de protéger les enfants.

10 ans +

106 — J'AI VU UNE VIDÉO SEXUELLE SUR UN TÉLÉPHONE APRÈS L'ÉCOLE, EST-CE QU'ON PEUT EN PARLER ?

OUI, parlons de cette vidéo sexuelle – on dit aussi « film pornographique » ou « porno », que tu as vue après l'école – ou dont tu as entendu parler/que tu risques de voir un jour dans ta vie.

La première chose à savoir est que ces vidéos sont **strictement réservées aux adultes**, pour protéger les enfants. Pourquoi ? Parce que les enfants n'ont pas la maturité émotionnelle pour regarder ces images, qui peuvent être violentes et faire peur.

Hélas, ces vidéos circulent souvent sur Internet (sur les ordinateurs, les téléphones, les tablettes), et parfois les enfants tombent dessus, à la maison, dans la cour de récréation, chez les camarades de classe… C'est un vrai problème car, même sans chercher à regarder ces vidéos, il est possible que tu en voies – alors que tu es encore un.e enfant.

Si cette situation se produit, il est important que tu en parles à un.e adulte de confiance (ton parent par exemple) qui t'écoutera sans juger ton ressenti sur les images que tu as vues et t'expliquera pourquoi ces images sont réservées aux adultes.

107 EST-CE QUE LES GENS FONT VRAIMENT L'AMOUR COMME DANS LE PORNO ?

NON ! Le porno, c'est un spectacle réservé aux adultes – comme les films d'horreur ou de guerre. Comme dans tout spectacle ou film, il y a un scénario (une histoire écrite) joué par des acteurs et des actrices.

Le porno, ce n'est pas la vraie vie !

Voici d'autres choses à savoir sur le porno :

- Pour rendre le spectacle plus intéressant, il y a beaucoup de cascades et d'effets spéciaux (comme dans les films d'action). Le porno, c'est presque de la science-fiction !

- Comme dans les combats de catch, où les adversaires font semblant de se taper et de tomber, le porno montre souvent des personnes qui font semblant de prendre du plaisir.

- Les acteurs et actrices ne sont pas choisi.e.s par hasard : généralement, leurs corps répondent à des critères très spécifiques (gros seins, gros pénis, corps épilés par exemple), qui ne reflètent pas la diversité et la beauté des corps qui existent sur Terre.

- Le porno montre souvent la femme en situation de soumission, et des actes sexuels pénétratifs.

Enfin, dans beaucoup de cas, *le porno ne montre pas ce qui est au cœur de la sexualité :*

- **Le consentement** (demander à l'autre s'iel a envie de faire l'amour, s'iel est d'accord pour être embrassé.e, touché.e, caressé.e...) tout au long de l'acte sexuel ;

- **Le respect mutuel**, dans les gestes et les paroles ;

- **La connexion à l'autre :** les mots tendres, les regards complices, les sentiments qu'on éprouve et qu'on exprime à l'autre, la joie de se sentir connecté.e.s ;

- **Le partage de plaisir :** lorsque les deux personnes sont à l'écoute l'une de l'autre, s'explorent, se découvrent et cherchent à se donner du plaisir.

LES 6 FORCES POUR DEVENIR UN.E NINJA DE L'AMOUR

As-tu retenu les choses indispensables à savoir sur l'amour ? Allons ensemble récupérer les 6 forces – qui feront de toi un.e NINJA DE L'AMOUR 😊 Sauras-tu les retrouver ?

↓

Majorité sexuelle

Consentement

Bienveillance

Respect

Prévention

Partage de plaisir

BRAVO !

CHAPITRE 8
Les bébés

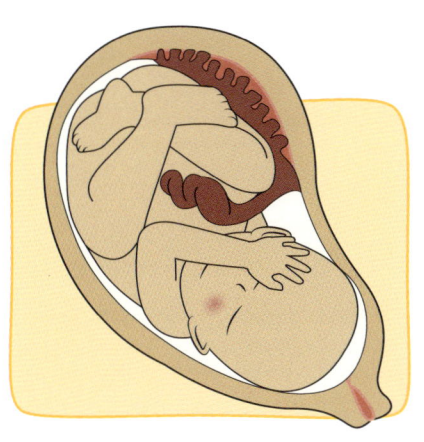

Cher.s parent.s,

BONNE NOUVELLE !!!

On y est presque : plus qu'un chapitre et on arrive au bout !

Ensuite, on va pas se mentir : ce dernier chapitre est plutôt costaud. Nul doute que vous êtes super enthousiastes de répondre à la fameuse question : « Comment on fait les bébés ? » 😊

Il y a peu de sujets qui passionnent autant l'enfant que de connaître ses origines, de savoir d'où iel vient, qu'on lui raconte le moment de sa naissance ou de son adoption. Outre les photos et les récits de ces moments magiques (ou pas !), se poseront peut-être les questions : « Comment vous m'avez fabriqué.e ? », « Comment vos graines se sont rencontrées ? », « D'où je viens ? »

> Lorsque j'ai demandé aux parents de me faire part des questions posées par leurs enfants autour du corps, de l'amour et de la sexualité (questionnaire en story qui a permis de récolter près de 4 000 questions), une évidence s'est imposée : la fascination des enfants pour l'histoire de leur conception est réelle !

Évidemment, libre à vous de lui expliquer qu'iel a été livré.e par une cigogne ou trouvé.e dans un chou ou une fleur !

Une curiosité saine

Sachez simplement que la curiosité de l'enfant sur le sujet est totalement normale. Vous pouvez donc lui répondre de manière scientifique – et c'est le fil directeur de ce chapitre – avec un vocabulaire et des détails adaptés à sa maturité.

Je vous propose d'avancer pas à pas à travers : la conception, la grossesse, l'accouchement ou l'adoption... Comme d'habitude, n'hésitez pas à demander régulièrement à votre enfant s'iel a compris, s'iel est satisfait.e du niveau de détails, ou s'iel a d'autres questions.

La fin de ce livre approche et vous savez quoi ? Je vous fais toute confiance : vous êtes désormais préparé.e.s à répondre aux questions les plus délicates de votre enfant. Vous serez même peut-être heureux.ses de les accueillir – preuve que vous êtes devenu.e.s l'adulte de confiance à qui l'enfant peut se confier en toute sécurité !

Prêt.e.s pour la dernière ligne droite ?

C'est parti !

COMMENT ON FAIT LES BÉBÉS ?

Dans la plupart des cas, les parents qui souhaitent un enfant se font un câlin d'amour pour permettre à leurs graines de se rencontrer.

Neuf mois après, le bébé vient au monde.

QUE FAIT LE BÉBÉ PENDANT 9 MOIS DANS LE VENTRE ?

1er mois L'embryon est gros comme une lentille, il pèse moins d'un gramme. Son cœur bat déjà et il ressemble à une mini-crevette. À la fin du 1er mois, le placenta se crée. C'est un organe essentiel qui permet au bébé de recevoir tout ce dont il a besoin pour grandir : oxygène, eau et nourriture.

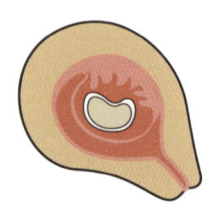

2e mois Ses bras et ses jambes apparaissent, puis les mains et les pieds. Le visage commence à se former. Le cordon ombilical apparaît : il relie le placenta à l'embryon.

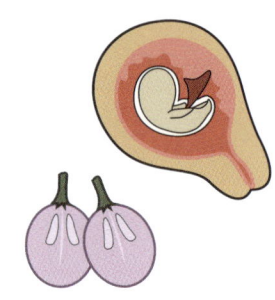

3ᵉ mois Au cours du 3ᵉ mois, l'embryon devient fœtus : il ressemble maintenant à un mini être humain. Tous ses organes sont en place, même s'ils sont minuscules et immatures. Il fait même pipi !

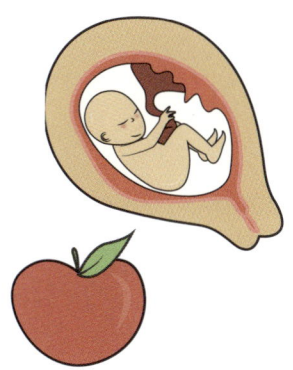

4ᵉ mois La quantité de liquide amniotique, dans lequel baigne le bébé, augmente afin de lui permettre de bouger. Le fœtus bâille et serre ses poings. Ses organes sexuels sont maintenant formés. Les parents qui le souhaitent peuvent connaître le sexe du futur bébé.

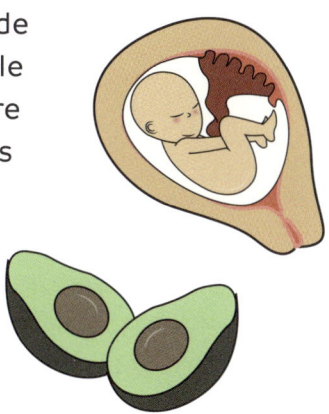

5ᵉ mois Les ongles et cheveux du fœtus poussent, il gigote de plus en plus et il est capable d'attraper ses pieds, de sucer son pouce. Il reconnaît la voix de son parent et perçoit les battements de son cœur.

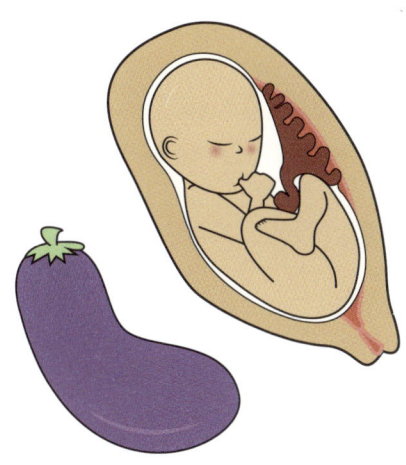

6ᵉ mois À partir de ce moment-là, le fœtus est viable. S'il venait à naître, il aurait déjà des chances de survie. Son cerveau se développe et grossit très vite, son système digestif et immunitaire (pour lutter contre les infections) se forme, tout comme ses dents. Il peut distinguer les nuances de lumière à travers ses paupières.

7ᵉ mois Le fœtus grossit plus qu'il ne grandit, son poids augmente de 800 g par mois environ. Le fœtus perçoit les différentes saveurs : le liquide amniotique qu'il avale change de goût en fonction des aliments ingérés par le parent. Sa mémoire se développe. Il reconnaît les voix et même les musiques entendues *in utero*.

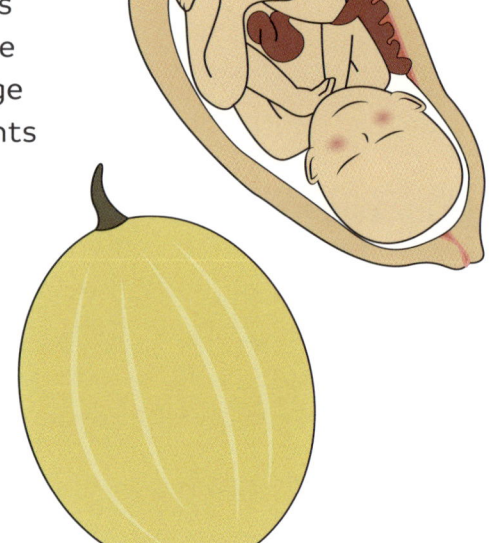

8ᵉ mois Le fœtus se retourne généralement à ce moment-là : il a la tête en bas, les fesses vers le haut. Tout est presque prêt pour la naissance, sauf les poumons qui arriveront bientôt à maturité. Les os se solidifient.

9ᵉ mois Le fœtus est désormais prêt à naître : son système respiratoire fonctionne (il s'entraîne même à respirer, en faisant des inspirations et expirations), tout comme l'ensemble de ses sens (vue, ouïe, toucher, odorat, goût).

110 — COMMENT VOS GRAINES SE SONT RENCONTRÉES ?

Pour fabriquer un bébé, il faut une rencontre entre deux graines :

un **ovule**
(cellule reproductrice d'une personne à utérus)

et

un **spermatozoïde**
(cellule reproductrice d'une personne à pénis).

Cette rencontre peut prendre plusieurs formes, selon le genre, le sexe et l'orientation sexuelle des personnes qui conçoivent ce bébé.

LE SAVAIS-TU ?

C'est à partir de la puberté que les organes de reproduction se mettent à fonctionner et qu'on peut faire des bébés. Toutefois, mieux vaut attendre la fin de la puberté et avoir un niveau de maturité suffisant pour concevoir un bébé.

Plus d'infos au **chapitre 3** La puberté

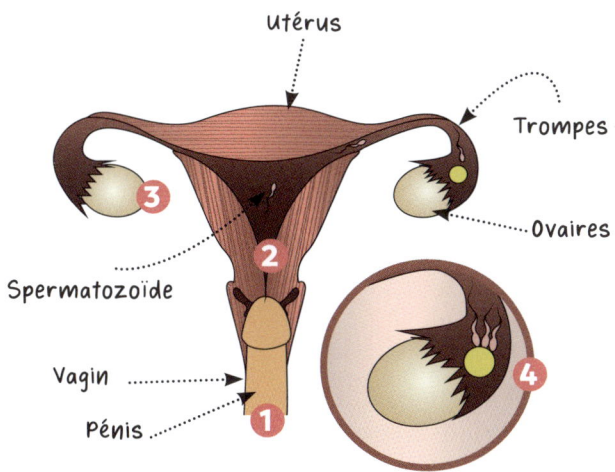

Quand le couple de parents est composé d'une personne à utérus ET d'une personne à pénis, le moyen le plus courant d'y arriver est une relation sexuelle au cours de laquelle :

1. le pénis pénètre dans le vagin ;

2. il y a une éjaculation de sperme au fond du vagin ;

3. certains spermatozoïdes contenus dans le sperme franchissent le col de l'utérus jusqu'à rencontrer l'ovule !

4. Seul un des spermatozoïdes pourra fusionner (c'est-à-dire se mélanger) avec cet ovule pour créer une cellule-œuf : c'est la fécondation .

Cette cellule-œuf contient tout le patrimoine génétique du futur bébé, on dit aussi l'ADN : la couleur de ses yeux, son groupe sanguin, la forme de son nez, sa pointure une fois adulte, son sexe (pénis ou vulve)…

5. Après la fécondation, la cellule-œuf se divise en deux, puis en 4, puis en 16, 32, 64… 6144, et devient un embryon. Cet embryon se déplace dans l'utérus pour rejoindre l'endroit où il va faire son petit nid pendant neuf mois : c'est la nidation .

111 — PAR OÙ SORTENT LES BÉBÉS ?

La naissance d'un bébé est un moment très fort et intense. Après avoir grandi dans le ventre de son parent pendant 9 mois, le bébé va sortir. Cela s'appelle l'accouchement.

Lorsque la santé de l'enfant et du parent le permettent, l'accouchement se déroule par voie basse : le bébé sort en franchissant le col de l'utérus (qui s'écarte pour laisser passer le bébé) et en descendant par le vagin.

Voici comment est placé le bébé juste avant la naissance :

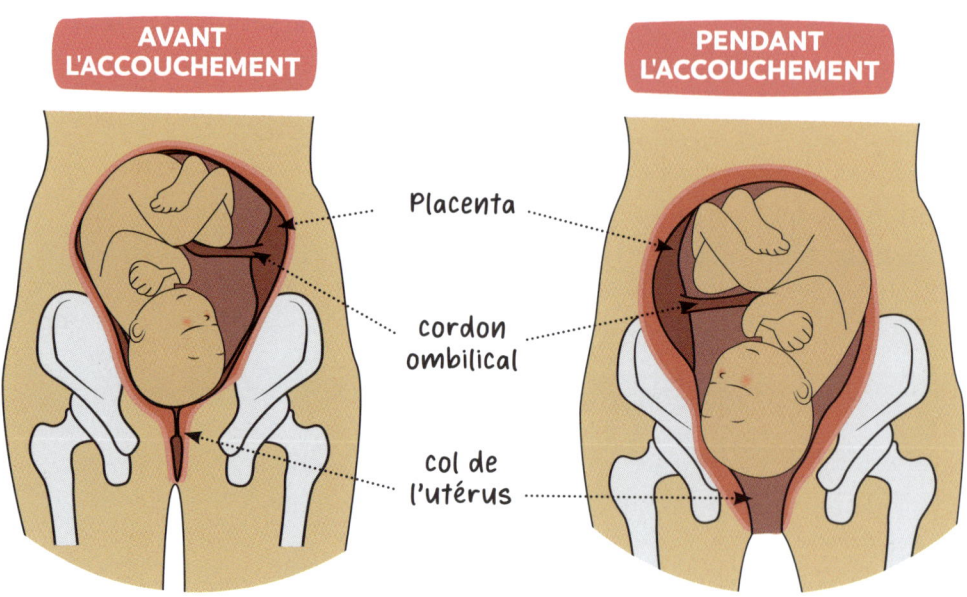

AVANT L'ACCOUCHEMENT — PENDANT L'ACCOUCHEMENT
Placenta — cordon ombilical — col de l'utérus

Lors de l'accouchement par voie basse, des contractions de l'utérus vont permettre au bébé de descendre, petit à petit.

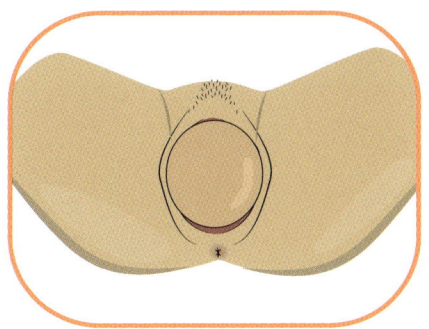 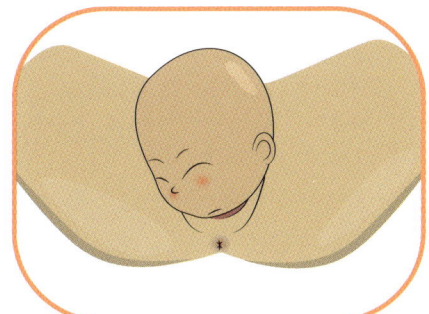

La tête apparaît généralement en premier, puis le reste du corps. Le bébé va, pour la première fois, respirer à l'air libre et pousser son premier cri.

Parfois, ce sont les fesses du bébé qui sortent en premier. On appelle ça « un accouchement par le siège ».

Le bébé est encore relié au ventre de son parent par le cordon ombilical, qui l'a nourri pendant 9 mois. Ce cordon est coupé juste après la naissance. Le bébé (et c'est pareil pour toi) en garde un souvenir toute sa vie : c'est le nombril !

112 — EST-CE QUE ÇA FAIT MAL QUAND LE BÉBÉ SORT ?

Lorsque l'accouchement est proche, l'utérus se contracte pour permettre au bébé de descendre et de naître. Ces contractions sont de plus en plus fortes, à mesure que la naissance se rapproche.

Le bébé appuie sur le col de l'utérus pour qu'il s'écarte complètement afin de pouvoir passer dans le vagin.

Les contractions accompagnent la progression du bébé, et sont souvent douloureuses pour le parent qui accouche.

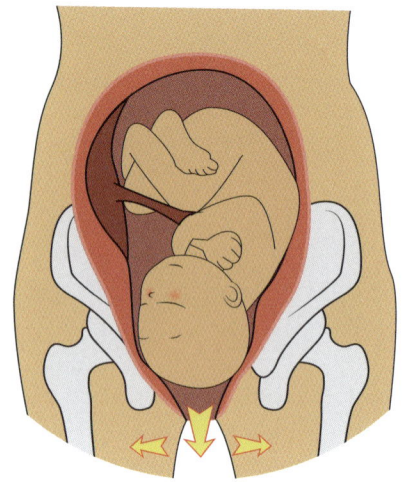

LE SAVAIS-TU ?

Cette douleur à l'accouchement est due au fait que l'être humain est l'unique mammifère bipède. Pour pouvoir tenir debout, les hanches des humain.e.s sont devenues plus étroites, ce qui rend le passage des bébés humains difficile (plus que pour les singes et les autres mammifères).

Heureusement, le corps du parent qui accouche produit des hormones pour aider le bébé à naître et pour gérer la douleur. Et si le parent le souhaite (et lorsque c'est possible), il existe des techniques médicales pour avoir moins mal : la péridurale , par exemple. C'est une piqûre qui endort un peu la douleur – on dit aussi une anesthésie .

113 — ÇA VEUT DIRE QUOI UNE « CÉSARIENNE » ?

Parfois, la sortie du bébé par le vagin (on dit aussi par voie basse) est trop difficile ou impossible. Les médecins cherchent alors une solution de secours. Il existe une opération médicale qui s'appelle la **césarienne**.

L'équipe médicale endort le bas du corps pour que le parent n'ait pas mal, puis ouvre le ventre du parent au niveau de l'utérus et sort le bébé par cette ouverture. L'utérus et le ventre sont ensuite refermés.

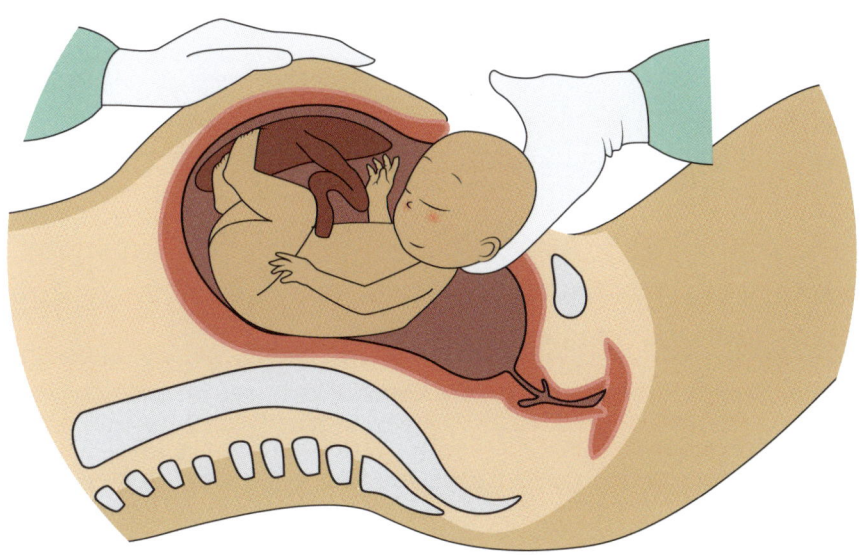

114 — ÇA VEUT DIRE QUOI « PRÉMATURÉ » ?

Parfois, le bébé sort en avance – avant la fin du 8ᵉ mois : on dit alors qu'il naît **prématuré**.

Si ses organes (poumons, estomac…) ne sont pas prêts à fonctionner, le bébé est placé dans une couveuse : il y reçoit les soins nécessaires pour continuer à grandir comme s'il était encore dans le ventre de son parent. Une équipe médicale veille à ce que tout se passe bien.

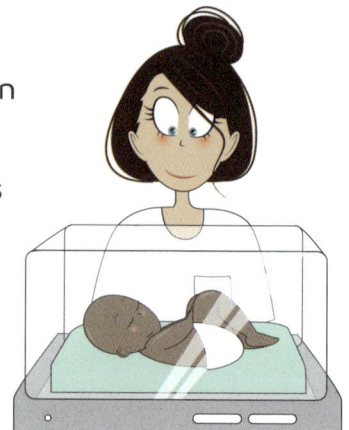

115 — POURQUOI MES PARENTS SONT FATIGUÉS DEPUIS LA NAISSANCE DU BÉBÉ ?

Tout d'abord, pendant la grossesse, le parent qui a porté l'enfant a vécu une grande transformation physique : fabriquer un nouvel être humain est une **mission longue et difficile**.

Ensuite, la naissance du bébé – même quand tout se passe bien – demande beaucoup de concentration et de force. Il y a des accouchements qui durent de longues heures, voire plusieurs jours.

Enfin, dans ses premières semaines de vie, le bébé ne sait rien faire seul : il faut le nourrir et le changer plusieurs fois par jour et par nuit, le dorloter, et s'assurer que tous ses besoins sont remplis, y compris son besoin d'amour. Tout cela nécessite beaucoup d'énergie – pas facile quand bébé ne fait pas ses nuits et qu'on n'arrive pas à se reposer correctement.

C'est pour cela que tes parents sont parfois épuisés depuis la naissance du bébé. N'hésite pas à leur dire des mots gentils et à proposer ton aide au sein de la maison. Si tu as besoin d'un peu de temps avec eux, le mieux est de l'exprimer pour que tes parents puissent organiser des moments avec toi.

116 — ÇA MANGE QUOI UN BÉBÉ ?

Quel que soit ton genre, tu as des glandes mammaires au niveau de la poitrine (comme tous les mammifères – ce qui donne son nom à l'espèce 😊).

Lors de la puberté, ces glandes grossissent chez les personnes qui ont des ovaires (d'où le développement de la poitrine) afin de fabriquer du lait et nourrir un bébé après l'accouchement.

Chaque personne qui donne naissance peut choisir de nourrir son enfant avec du lait produit par les glandes mammaires (cela s'appelle `l'allaitement`) ou en lui donnant des biberons de lait.

117 — EST-CE QU'ON PEUT CHOISIR D'AVOIR UN BÉBÉ FILLE OU UN BÉBÉ GARÇON ?

On ne peut pas choisir le sexe de l'enfant à naître !

Les spermatozoïdes contenus dans une éjaculation sont porteurs :

- soit du message X (pour un embryon avec une vulve assigné fille à la naissance),

- soit du message Y (pour un embryon avec un pénis assigné garçon à la naissance).

Personne ne connaît à l'avance le message du spermatozoïde – l'unique, le seul – qui va fusionner avec l'ovule. Autrement dit, il y a :

50 % de chances que ce soit un spermatozoïde X	50 % de chances que ce soit un spermatozoïde Y

Et tu sais ce qui est le plus important ? C'est que le bébé à naître soit en bonne santé !

Certains bébés naissent avec un pénis et une vulve, ou avec un pénis et un vagin ou avec une vulve et des testicules, etc. Ce sont des personnes intersexes.

Pour plus d'infos sur les personnes intersexes rends-toi à la question 11

De même, on ne peut pas choisir le nombre d'enfants à naître. Dans la plupart des cas, il n'y a qu'un bébé dans le ventre, mais parfois, il y en a deux (on appelle ça des jumeaux/jumelles), trois (triplé.e.s) ou plus ! Ce sont des grossesses multiples, et elles sont généralement surveillées de près car le risque pour le parent et les enfants à naître est plus important.

118 — POURQUOI LE BÉBÉ N'EST PAS ARRIVÉ ?

Parfois, des parents qui attendent un.e enfant sont tristes. Il arrive que la grossesse ne se passe pas comme prévu et s'arrête. C'est plus fréquent au début de la grossesse, au 1er trimestre, on parle de **fausse couche**.

Cela peut arriver plus tard dans la grossesse, mais c'est plus rare.

Les médecins ne savent pas toujours expliquer pourquoi une grossesse s'arrête.

C'est souvent douloureux pour les parents, parce que même avant la naissance, on donne beaucoup d'amour à l'embryon ou au fœtus qui grandit dans le ventre. Dans la plupart des cas, si les parents le souhaitent, il sera quand même possible de concevoir un.e autre enfant et de mener la grossesse à terme.

119 POURQUOI MON PETIT FRÈRE OU MA PETITE SŒUR N'ARRIVE PAS ?

Dans certains cas, notamment pour des raisons médicales, il est difficile pour des parents de concevoir un bébé. Heureusement, il existe des solutions médicales pour aider ces parents :

● **L'Insémination artificielle** (IA) : on dépose des spermatozoïdes directement dans l'utérus pour qu'ils rencontrent un ovule.

● **La Fécondation in vitro** (FIV) : cette méthode permet la rencontre, dans un tube en laboratoire, d'un ovule et d'un spermatozoïde. Une fois que la fécondation a eu lieu, on met l'embryon fécondé dans l'utérus pour qu'il grandisse jusqu'à l'accouchement.

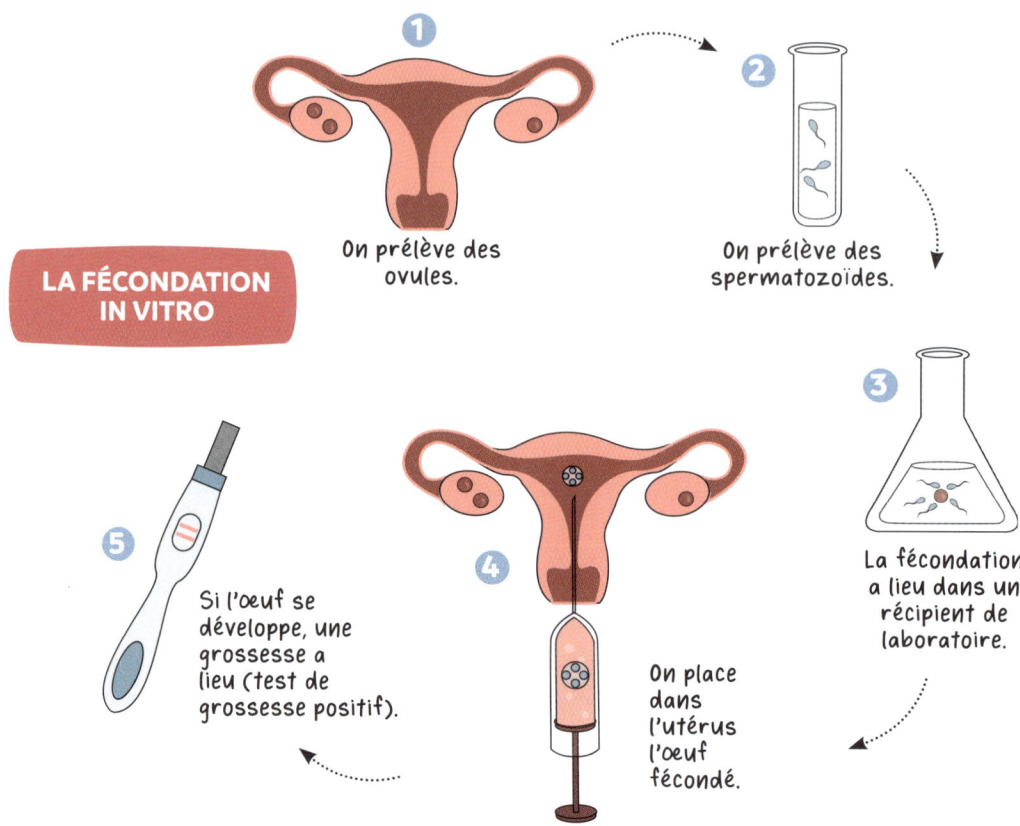

LA FÉCONDATION IN VITRO

1. On prélève des ovules.
2. On prélève des spermatozoïdes.
3. La fécondation a lieu dans un récipient de laboratoire.
4. On place dans l'utérus l'œuf fécondé.
5. Si l'œuf se développe, une grossesse a lieu (test de grossesse positif).

Lorsque deux personnes à pénis souhaitent avoir un bébé, il est possible de faire appel à une personne à utérus, qui va accueillir le bébé à naître dans son ventre. Cela s'appelle une **Gestation pour autrui** (une GPA). La GPA n'est pas autorisée en France : les couples qui ont recours à cette méthode le font à l'étranger.

Enfin, les couples de même sexe ont parfois recours à l'adoption. Cela permet à des personnes de prendre soin d'enfants dont iels ne sont pas les parents biologiques. Les parents adoptifs accueillent et s'occupent de leurs enfants adoptifs : protection, soins, éducation, santé… et deviennent les parents officiels de leurs enfants devant la loi.

LE SAVAIS-TU ?

Le processus d'adoption est accessible à tous les couples, et pas uniquement aux couples de même sexe. Toutefois, comme il y a plus de familles prêtes à accueillir un enfant que d'enfants à adopter, les délais d'attente sont souvent très longs.

120 — EST-CE QU'ON EST OBLIGÉ.E D'AVOIR UN BÉBÉ ?

Non, il n'y a aucune obligation à avoir des enfants !

Chaque personne est libre de choisir de fonder une famille ou non, et de choisir quel type de famille elle souhaite : avec ou sans enfants, avec ou sans partenaire, avec ou sans mariage, avec le nombre de partenaires qu'on souhaite. Aucun modèle de famille n'est meilleur qu'un autre. La famille parfaite… est celle dans laquelle on se sent heureux.se !

LE SAVAIS-TU ?

C'est OK d'avoir envie de devenir parent.
C'est OK de ne pas avoir envie de devenir parent.
C'est OK de changer d'avis.

Rappelle-toi : TON CORPS, TES CHOIX !

BRAVO !

Vous l'avez fait !!! Vous avez atteint le bout du livre !
Vous pouvez être fier.ère.s de vous.
En tout cas, moi, je suis très fière de vous 😊

Comment vous sentez-vous ? Est-ce qu'il y a eu des moments difficiles ?
Est-ce que vous avez vécu des moments de complicité avec votre enfant ?
Est-ce que cela a permis à votre enfant de s'ouvrir à vous, de partager avec vous des expériences et questionnements personnels ?
Je suis très curieuse de lire vos retours, et d'en discuter avec vous : alors n'hésitez pas à me les envoyer à l'adresse suivante :
maison.des.mmm@gmail.com

Grâce à ce livre, votre enfant sait désormais que vous êtes l'adulte de confiance, à qui poser ses questions sur le corps, l'amour et la sexualité – lorsqu'iel en aura !

C'est beau et précieux qu'avant son entrée dans l'adolescence, vous ayez pu construire ce lien avec votre enfant et que cet espace de parole ait été créé. Il vous appartient désormais de le faire vivre, de l'enrichir : les ressources à votre disposition (podcasts, vidéos, livres) ne manquent pas, et vous pouvez poursuivre ensemble le chemin débuté avec ce livre.

N'hésitez pas à revenir régulièrement à la boîte à outils, qui vous aidera sans doute à répondre aux questions de votre enfant non listées dans « Les 100 questions »… du moins pas encore 😉

En écrivant les derniers mots de ce livre, je suis émue. Je réalise avec joie que nous sommes la première génération de parents qui va parler de corps, d'amour et de sexualité avec nos enfants.

Nous sommes des pionnier.ère.s, nous transformons l'omerta en communication, le tabou en conversations saines et intelligentes, le jugement en bienveillance. Alors j'espère de tout cœur que cela nous permettra d'accompagner nos enfants vers une relation à soi et aux autres apaisée.

Au bonheur et à l'épanouissement de nos enfants – et au nôtre !

Charline

Liste des questions

CHAPITRE 1. Le corps — p. 19

1. Comment on appelle ce qu'il y a entre mes jambes ? — p. 24
2. Pourquoi certaines personnes ont un pénis et d'autres une vulve ? — p. 24
3. Ça sert à quoi un pénis et des testicules ? — p. 26
4. C'est quoi le trou dans la vulve ? — p. 26
5. Pourquoi tout le monde n'a pas un pénis ? — p. 28
6. Mon sexe, je dois le laver ? — p. 30
7. Mon sexe sent bizarre, est-ce que c'est normal ? — p. 31
8. Pourquoi les parents ont un pénis/des seins plus gros que ceux des enfants ? — p. 32
9. Est-ce que moi aussi j'aurai des poils sous les bras ? — p. 33
10. Est-ce que tous les pénis, toutes les vulves sont pareil.le.s ? — p. 34
11. Est-ce que certaines personnes ont à la fois un pénis et une vulve ? — p. 34
12. Est-ce qu'avoir un pénis signifie être un garçon ? — p. 35
13. Est-ce que je peux choisir d'être une fille plutôt qu'un garçon ? — p. 36
14. Parfois, je me sens fille, parfois je me sens garçon, parfois je me sens les deux : est-ce normal ? — p. 37

CHAPITRE 2. L'intimité — p. 39

15. Ça veut dire quoi « intime » ? — p. 42
16. J'aime pas qu'on me fasse des bisous, c'est normal ? — p. 44
17. Pourquoi je ne peux pas me toucher devant toi/devant tout le monde ? — p. 46
18. Est-ce que je peux fermer la porte quand je suis dans la salle de bains ? — p. 46
19. Est-ce que c'est mal d'avoir envie de toucher ou de frotter mon sexe ? — p. 48
20. Pourquoi je n'ai pas envie de me toucher le sexe ? — p. 48
21. Pourquoi ça fait du bien de se masturber ? — p. 49
22. Pourquoi j'ai le pénis tout dur le matin ? — p. 50
23. Pourquoi j'ai mal lorsque j'ai une érection ? — p. 51

CHAPITRE 3. La puberté — p. 53

24. C'est quoi la puberté ? .... p. 56
25. Quand est-ce que ma puberté va commencer ? .... p. 57
26. Qu'est-ce qui se passe dans mon corps pendant la puberté ? .... p. 58
27. Pourquoi les grands enfants ne veulent plus jouer avec moi ? .... p. 60
28. C'est quoi les règles ? .... p. 61
29. Pourquoi on a ses règles ? .... p. 61
30. C'est quoi le sperme ? .... p. 64
31. Ça veut dire quoi « éjaculer » ? .... p. 66
32. Pourquoi ai-je des éjaculations nocturnes ? .... p. 66
33. Pourquoi je n'arrive pas à contrôler mes érections ? .... p. 67
34. Est-ce que les règles, ça fait mal ? .... p. 68
35. C'est normal d'avoir tellement mal au ventre que je ne peux pas aller en classe ? .... p. 70
36. Pourquoi c'est tabou de parler des règles ? .... p. 71
37. Du coup, je ne suis pas obligé.e de cacher que j'ai mes règles ? .... p. 72
38. Comment soutenir mes camarades qui ont leurs règles ? .... p. 73
39. Comment faire quand j'ai mes règles ? .... p. 74
40. Quelle quantité de sang on perd pendant les règles ? .... p. 78
41. Comment je sais que mes règles vont arriver ? .... p. 79
42. Pourquoi ma culotte est tachée alors que je n'ai pas mes règles ? .... p. 81
43. Est-ce que j'ai besoin d'un soutien-gorge ? .... p. 82
44. Si j'ai des poils, est-ce que je dois me raser ? .... p. 83
45. C'est normal d'avoir autant mal aux seins ? .... p. 84
46. Pourquoi je n'arrive pas à contrôler ma voix ? .... p. 84
47. Faut-il attendre d'avoir une vraie moustache pour se raser ? .... p. 85
48. C'est normal d'avoir tout le temps faim ? .... p. 86

CHAPITRE 4. L'estime de soi — p. 87

49. Ça veut dire quoi « être beau/belle » ? .... p. 90
50. Comment faire pour avoir confiance en moi ? .... p. 91

51. Est-ce que le vernis, le maquillage et le rose, c'est réservé aux filles ? .... p. 93

52. Mes copines disent que je suis un garçon manqué,
je leur réponds quoi ? .... p. 96

53. Pourquoi dit-on que les garçons ne doivent pas pleurer ? .... p. 97

54. Mon grand frère a des boutons, est-ce que ça va partir un jour ? .... p. 98

55. Est-ce qu'il faut être mince pour être beau/belle ? .... p. 99

56. J'ai du mal à trouver ma place à l'école, avec mes camarades. .... p. 102

57. Pourquoi on m'embête à l'école ? .... p. 103

58. Tous les élèves de ma classe ont un compte Snap ou TikTok,
pourquoi je n'ai pas le droit ? .... p. 106

59. Une personne m'insulte régulièrement sur les réseaux sociaux,
que puis-je faire ? .... p. 107

60. Pourquoi mon sein gauche est plus gros que mon sein droit ? .... p. 108

61. Pourquoi mes camarades ont un plus gros pénis que moi ? .... p. 110

62. Mes lèvres ressortent, qu'est-ce que je dois faire ? .... p. 112

CHAPITRE 5. Les premiers émois — p. 115

63. Dis, c'est quoi l'amour ? .... p. 118

64. Comment on sait qu'on est amoureux ou amoureuse ? .... p. 119

65. Comment montrer à mon amoureux.se que je l'aime ? .... p. 120

66. Comment on sait si l'autre nous aime ? .... p. 121

67. Ça dure combien de temps l'amour ? .... p. 122

68. Est-ce qu'on est obligé.e.s d'avoir un amoureux ou une amoureuse ? ..... p. 124

69. Est-ce qu'on peut aimer plusieurs personnes à la fois ? .... p. 125

70. Pourquoi mon amoureux.se ne veut pas que j'aie un.e autre amoureux.se ? ... p. 126

71. C'est possible que personne ne m'aime pour qui je suis ? .... p. 127

72. Est-ce qu'on peut aimer les garçons et les filles ? .... p. 127

73. Petit dico de l'amour .... p. 128

74. Comment tu as choisi ton amoureux.se ? .... p. 130

75. Est-ce que quand on est amoureux.ses, on doit se marier ? .... p. 130

76. Pourquoi les autres sont en couple, et pas moi ? .... p. 132

CHAPITRE 6. Le consentement — p. 133

77. Pourquoi je ne peux pas faire des bisous à qui je veux, alors que c'est de l'amour ? — p. 136
78. Comment savoir si une personne est d'accord pour qu'on l'embrasse ? — p. 137
79. Si une personne me donne son consentement pour des bisous, c'est pour toujours ? — p. 139
80. Comment je dis à mon amoureux.se que je ne veux pas qu'iel me fasse un câlin ? — p. 140
81. Que faire si une personne me fait des bisous ou un câlin sans me demander ? — p. 142
82. J'aime pas quand quelqu'un montre son sexe dans les toilettes de l'école… — p. 143
83. Est-ce qu'un.e enfant peut faire des câlins sexuels avec un.e adulte ? — p. 144
84. Quand on est adulte et en couple, on est obligé.e de faire l'amour ? — p. 145
85. Mon amoureux.se veut qu'on se voie tout le temps, est-ce que je dois me forcer ? — p. 146
86. Suis-je obligé.e de raconter tout ce que je fais ou de montrer mon téléphone à mon amoureux.se ? — p. 147

CHAPITRE 7. Amour, sexe et plaisir — p. 149

87. C'est quoi « faire l'amour » ? — p. 154
88. Et vous, vous faites l'amour ? — p. 155
89. Quand est-ce que je pourrai faire l'amour ? — p. 155
90. Est-ce que je peux faire l'amour à moi-même ? — p. 156
91. J'aime pas voir les adultes se faire des bisous et des câlins, c'est normal ? — p. 158
92. Est-ce que deux femmes ou deux hommes peuvent faire l'amour ? — p. 159
93. Comment on fait pour embrasser ? — p. 160
94. Si on sort ensemble, je suis obligé.e de l'embrasser ? — p. 161
95. Ça veut dire quoi « avoir des relations sexuelles » ? — p. 162
96. À partir de quel âge on peut faire l'amour ? — p. 163
97. Comment on fait l'amour ? — p. 164
98. C'est normal d'être très amoureux.se et de ne pas avoir envie de faire l'amour ? — p. 165

99. Comment on fait pour donner du plaisir ? .... p. 166

100. C'est quoi un orgasme ? .... p. 167

101. Est-ce que faire l'amour ça fait mal ? .... p. 168

102. Est-ce que faire l'amour, ça donne des maladies ? .... p. 169

103. Est-ce qu'on risque d'avoir un bébé quand on fait l'amour ? .... p. 171

104. À quel âge dois-je consulter un.e gynéco ou une sage-femme
pour la première fois ? .... p. 173

105. Ça veut dire quoi « porno » ? .... p. 174

106. J'ai vu une vidéo sexuelle sur un téléphone après l'école,
est-ce qu'on peut en parler ? .... p. 175

107. Est-ce que les gens font vraiment l'amour comme dans le porno ? .... p. 176

CHAPITRE 8. Les bébés   p. 179

108. Comment on fait les bébés ? .... p. 182

109. Que fait le bébé pendant 9 mois dans le ventre ? .... p. 182

110. Comment vos graines se sont rencontrées ? .... p. 186

111. Par où sortent les bébés ? .... p. 188

112. Est-ce que ça fait mal quand le bébé sort ? .... p. 189

113. Ça veut dire quoi une « césarienne » ? .... p. 191

114. Ça veut dire quoi « prématuré » ? .... p. 192

115. Pourquoi mes parents sont fatigués depuis la naissance du bébé ? .... p. 192

116. Ça mange quoi un bébé ? .... p. 193

117. Est-ce qu'on peut choisir d'avoir un bébé fille ou un bébé garçon ? .... p. 194

118. Pourquoi le bébé n'est pas arrivé ? .... p. 195

119. Pourquoi mon petit frère ou ma petite sœur n'arrive pas ? .... p. 196

120. Est-ce qu'on est obligé.e d'avoir un bébé ? .... p. 198

Remerciements

Je voudrais remercier Alexandre et les 3 merveilles que nous avons accueillies dans notre foyer : L., N. et I. Vivre à vos côtés, vous voir grandir est sans doute l'un des plus grands bonheurs qu'il me soit donné de vivre. Votre amour me porte au-delà des mots, vous êtes mon safe place, mon ancrage, et ma joie. Ce livre, vous en êtes l'inspiration, la raison d'être … et vous en serez les premier.e.s lecteurices 💚

Merci à Sophie Nanteuil, sans qui ce livre n'aurait jamais vu le jour. Sophie, au-delà de ton professionnalisme, au-delà de ta capacité à tout mener de front avec brio, créativité et positivité, je me sens surtout chanceuse d'avoir rencontré une amie, une sœur de cœur. La vie est encore plus belle depuis que je te connais ❤️

Merci à Aurélie Starckmann, et à toutes les personnes chez Albin Michel qui m'ont soutenue tout au long de l'écriture de ce livre. Merci à Juliette (@stomiebusy) pour les illustrations de ce livre, qui ne pouvaient mieux faire écho aux mots. Tu es incroyable 💖

Merci à Julie Finidori, mon agente : ton intelligence n'a d'égale que ta gentillesse !

Merci au collège d'expert.e.s qui a relu et validé ce livre : vos retours m'ont été particulièrement précieux 🙏

Merci à ma Mamie Martine, qui a toujours cru en moi, qui m'a soutenue dans tous mes projets, et qui sera la première octogénaire a dévorer le livre.

Une pensée également pour mes mamies Colette et Allegra, qui doivent danser de joie là où elles sont en voyant leur petite fille sortir son premier livre.

Merci à mes parents, mon frère et mes sœurs pour leur amour 💙

Merci à mes ami.e.s qui m'accompagnent dans mes projets aussi fous que variés avec enthousiasme : Céline, Nada, Jennifer, Charlotte, Caroline, Guenaelle, Marie, Marika, Lisa, Delphine, Peguy, Martin, Benjamin, Clara, Géraud, Virginie, Scarlett, Patricia, Sonia, Samuel, François, Murielle, Fanda, sorry je ne peux être exhaustive - mais vous êtes tou.te.s là dans mon cœur.

Merci à la communauté Orgasme_et_moi : outre le fait que vous êtes la plus belle Commu d'Instagram , c'est surtout un bonheur, une joie chaque jour renouvelés d'animer ce compte, d'interagir avec vous, et de construire ensemble un monde plus beau. Merci pour tout l'amour, les hot & love stories, les magnifiques témoignages, les fous rires partagés et les merveilleuses soirées #MMM. Je vous aime fort 🩷

Enfin, merci aux personnes qui m'accompagnent au quotidien dans mon aventure Orgasme_et_moi, et tou.te.s les créateurices de contenus qui dédient leur temps, leur passion et leur énergie à changer le monde. Vous faites un travail extraordinaire ! 🙏

Charline Vermont

Ressources

Principes directeurs internationaux sur l'éducation à la sexualité, UNESCO
Le Livre noir des violences sexuelles, Dre Muriel Salmona, Dunod

Études montrant les bienfaits sur la santé sexuelle d'une éducation complète à la sexualité
https://tppevidencereview.youth.gov/
https://www.ncbi.nlm.nih.gov/pubmed/3602653
https://pdfs.semanticscholar.org/b3c9/fd016512b33b160b9cff27c61d663f2731a8.pdf
https://www.coe.int/t/dg3/children/1in5/Source/PublicationSexualViolence/Gordon.pdf
http://recapp.etr.org/recapp/documents/programs/InterGuidanceSexualityEducation.pdf

Études montrant l'impact de l'éducation à la sexualité sur la réduction de la violence sexuelle
https://www.ncbi.nlm.nih.gov/pmc/articles/PMC6235267/
https://www.marketwatch.com/story/want-to-fix-the-metoo-problem-start-with-eliminating-abstinence-only-sex-education-2018-09-19
https://thehill.com/opinion/civil-rights/420039-the-next-step-for-metoo-is-better-sex-education
https://journals.plos.org/plosone/article?id=10.1371/journal.pone.0186471
https://www.ncbi.nlm.nih.gov/pubmed/30427866
https://www.newtactics.org/tactic/reducing-rape-and-sexual-assault-through-education-adolescent-boy
https://academicworks.cuny.edu/cgi/viewcontent.cgi?article=1170&context=cl_pubs

Études montrant l'impact de l'éducation à la sexualité sur l'exposition aux IST
https://pubmed.ncbi.nlm.nih.gov/20378905/
https://jamanetwork.com/journals/jamapediatrics/article-abstract/2740229
https://rewire.news/article/2011/04/11/education-stds-message-matters/
https://www.guttmacher.org/gpr/2020/04/reducing-sti-cases-young-people-deserve-better-sexual-health-information-and-services

Études montrant l'impact de l'éducation à la sexualité sur la réduction des grossesses précoces
https://www.ncbi.nlm.nih.gov/pmc/articles/PMC3194801/
https://nursing.usc.edu/blog/americas-sex-education/
https://www.researchgate.net/publication/324930498_Prevention_of_STI_and_teenage_pregnancies_through_sex_education

Études montrant qu'une éducation complète à la sexualité retarde l'âge du premier rapport
https://pubmed.ncbi.nlm.nih.gov/12292388/
https://www.cdc.gov/nchs/data/databriefs/db44.pdf

Pages 10-11 : Lilanakani/Shutterstock.com **Pages 33-34** : Kathy Hutchins/Shutterstock.com ; Eugene Powers/Shutterstock.com ; fitzcrittle/Shutterstock.com ; Sam Wordley/Shutterstock.com ; Geartooth Productions/Shutterstock.com **Page 45** Rawpixel.com/Shutterstock.com ; Jay Venkat/Shutterstock.com **Page 63** : Igdeeva Alena/Shutterstock.com **Pages 94-95** Dario Lo Preti/Shutterstock.com ; Gina Smith/Shutterstock.com ; Nick Fox/Shutterstock.com ; ArtFamily/Shutterstock.com ; Ilho Voronin/Shutterstock.com ; Everett Collection/Shutterstock.com **Pages 99-100** : Charlesimage/Shutterstock.com ; Karga cinArt/Shutterstock.com ; IgorGolovniov/Shutterstock.com ; Marek Poplawski/Shutterstock.com ; Everett Collection/Shutterstock.com **Page 172** : Sunflowerr/Shutterstock.com **Page 178** : Victor Metelskiy/Shutterstock.com **Page 206** : Denis Gorelkin Shutterstock.com **Émoticones** : Kanate/Shutterstock.com